Histoire de Paris
et des Parisiens

MARIANNE JAEGLÉ

Histoire de Paris et des Parisiens

Préface d'Alain Decaux
de l'Académie française

Sommaire

Sommaire

L'âme de Paris

par Alain DECAUX
de l'Académie française

Des hommes qui, au Vᵉ millénaire avant notre ère, chassent dans les méandres de la Seine le mammouth, le cerf et le renne, voilà qui nous étonne peu. Ce qui surprend davantage, c'est d'être conduit à les appeler Parisiens : des traces de leur habitat ont été repérées sous les fondations du palais des Tuileries, là même où nos rois et nos empereurs fixeront leur demeure.

L'histoire de Paris a été plus souvent contée que celle de ses habitants. Qu'est ce qu'un Parisien ? Sacha Guitry, connaisseur d'exception, répond : « Être Parisien, ce n'est pas être né à Paris : c'est y renaître. Et ce n'est pas non plus y être – c'est en être... Être de Paris, ce n'est pas y avoir vu le jour – mais c'est y voir clair. On est élu Parisien – élu à vie. C'est une dignité. »

Il n'est pas sûr que, déjà, les habitants de Lutèce aient été pénétrés d'un orgueil aussi flagrant. Le concept de Parisien, au fil des siècles, s'élabora à mesure que la ville prit conscience de sa cohésion. L'âme de Paris s'est-elle éveillée lors de la résistance sans égale opposée, en 885, aux assauts de sept cents navires à voile chargés de trente mille Normands ? Est-ce plutôt au XIIᵉ siècle, cependant que Paris s'enrichissait de Notre-Dame, d'inoubliables abbayes et d'écoles en abondance ? Faut-il préférer ce jour de l'été 1214, célébré par le chroniqueur Guillaume le Breton, qui vit le roi Philippe Auguste, ayant écrasé à Bouvines les coalisés assemblés pour le perdre, faire une entrée triomphale dans sa bonne capitale ? Il traînait derrière lui le comte Ferrand, félon trop fameux. Sur le passage du captif, le peuple s'ébaudissait de voir celui-ci « ferré ». Le royaume entier avait déliré. Jamais autant que Paris.

De combien d'événements, d'aventures, de drames, de tragédies, de comédies, de passions, de crimes, d'amours, de joies, de sanglots, d'évolutions et de révolutions la Seine n'a-t-elle pas été le miroir ? Sur ses berges, les Gaulois de Camulogène ont en vain tenté de repousser Labienus, lieutenant de César. Admirable revanche : ébloui par le site, Julien, empereur romain, fit construire à la pointe de la Cité un palais d'où il contemplait les bateliers. Après que sainte Geneviève eut ameuté les foules contre Attila, Robert le Pieux implanta, au même endroit que Julien, un palais qui, modifié de règne en règne, devint celui de saint Louis, de Philippe le Bel et de Philippe Auguste.

Le fleuve offrit la vie à Paris qui grandissait. Des ports s'y aménagèrent. Les pêcheurs et les mariniers tiraient à la nuit tombée leurs bateaux sur une grève qui devint la Grève. La reine Isabeau de Bavière habita face à la Seine l'hôtel Saint-Paul dont elle ne sortit que pour gagner, par le fleuve, son tombeau à Saint-Denis.

De plus en plus nombreux, les « escholiers » se sont installés sur la rive gauche : « Paris, écrivait un contemporain, est une cité très puissante en richesses et en marchandises, paisible, en bon air sur bonne rivière... et qui a près, champs et montagnes pleins de beautés pour rafraîchir la vue des escholiers quand ils sont lassés d'étudier. »

En édifiant, sur la rive droite, une forteresse appelée Louvre, on peut dire que le roi de Bouvines, en sortant de son île, fit Paris. Sans trop forcer, nous voici conduits à admettre que rois et étudiants composaient alors, dans l'imaginaire des civilisés, l'image, faite pour durer, des habitants de Paris. Dans une bulle de 1219, le pape Honorius III compare l'université de Paris à un fleuve qui, répondant partout son cours, « arrose et féconde la terre ». Est-ce en se pénétrant de l'opinion pontificale que les Parisiens acquirent cette confiance en eux et cet optimisme sans borne que les historiens leur reconnaissent, davantage, d'ailleurs, à propos de grandes choses que d'incidents mineurs ?

Dans le Paris d'il y a huit cents ans, on découvre des dominantes identiques à celles dont nous nous plaignons toujours : les prix croissants de l'immobilier ; celui des denrées qui ne cesse d'augmenter ; les inégalités trop flagrantes contre lesquelles Philippe le bel crut devoir prendre des mesures « somptuaires » ; la même obsession : « Aujourd'hui on ne pense qu'à l'argent ! » lit-on dans une libelle de 1250.

Elle gonfle, cette ville, et tout autant le nombre de ceux qui y résident. A l'image de la Seine, l'histoire coule dans ses murs et au-delà des murs. Elle dessine un peuple prompt à s'enflammer pour des causes bonnes ou mauvaises ou des personnages dont la disparité va de Napoléon au général Boulanger. Il porte volontiers en bandoulière la critique et le blâme. Dangereux : Louis XIV, blessé d'avoir dû fuir tout enfant la ville insurgée de la Fronde, lui préféra Versailles et, ce faisant, fit le malheur de la monarchie. La preuve : les Parisiens l'en arracheront en 1789. Héroïque : affamé, il tient bon, en 1870, face aux Prussiens qui l'assiègent et, désarmé, il s'insurge, en 1944, contre l'occupant.

En latin, en roman, en vieux et nouveau français, le Parisien affirme - éternel Gavroche – qu'on ne la lui fait pas. C'est vrai. On est comme au spectacle quand on le juge. Goldoni au XVIIIe siècle : « Paris est un monde... Il faut qu'il y ait plus de bonnes gens et plus de vicieux que partout ailleurs : on n'a qu'à choisir. ». Montesquieu à la même époque : « Je hais Versailles parce que tout le monde y est petit ; j'aime Paris parce ce que tout y est grand. » Victor Hugo au siècle suivant : « Paris est synonyme de Cosmos, Paris est Athènes, Rome, Sybaris, Jérusalem, Pantin. Toutes les civilisations y sont en abrégé, toutes les barbaries aussi. » Un siècle encore et c'est Paul Valéry : « Paris répond à la complexité de la nation française... Penser Paris ? Plus on y songe, plus se sent-on, tout au contraire, pensé par Paris. »

Le plus enthousiaste de tous sans doute : Henry Miller (1891-1980), auteur des célèbres *Tropique du Cancer* et *Tropique du Capricorne* : « Cité éternelle, Paris ! Plus éternelle que Rome, plus somptueuse que Ninive ! Nombril de l'univers, on se traîne vers toi sur les mains et sur les genoux, comme un idiot aveugle et balbutiant ! »

Simple rappel : Henry Miller était américain.

A. D.

Quand Paris n'était pas encore Paris...

En 58 avant Jésus-Christ, le proconsul Jules César entreprend de pacifier un territoire habité par des peuples celtes divisés. Lorsque les *Parisii* refusent d'envoyer leurs députés à l'assemblée des états de la Gaule sous l'égide romaine, César se fâche. Ce sera la guerre. Il envoie son lieutenant Labienus, avec quatre légions et une partie de sa cavalerie, pour obtenir réparation. De leur côté, les *Parisii* appellent en renfort les peuples environnants et confient la direction de leur défense à Camulogène. Originaire d'Évreux, celui-ci est un vieillard vigoureux, sagace, ayant l'expérience du combat. Quand Labienus arrive devant le camp fortifié par les *Parisii*, il est repoussé sans appel, et doit se replier sur Melun. Ses troupes saccagent la ville. Le commandant romain, renonçant à prendre Lutèce par la force, décide alors d'en avoir raison par la ruse.

< Alimentés en eau par l'aqueduc romain d'Arcueil, équipés d'égouts et de couloirs souterrains, les thermes de Cluny servent de refuge aux Parisiens pendant les invasions successives des Huns et des Normands.

˅ « Ils exagèrent leurs mérites et diminuent celui des autres. Ce sont des vantards, qui passent leur temps à chanter leurs propres exploits... », écrit l'historien Diodore de Sicile à propos des Gaulois.

Depuis Melun, Labienus divise ses troupes. Une flottille de cinquante bateaux reçoit l'ordre de descendre le fleuve en silence, et d'attendre dissimulée à environ 4000 pas de Lutèce. Par ailleurs, cinq cohortes sont envoyées en direction de Lutèce, avec ordre d'attirer l'attention. Averti de l'avancée des Romains, Camulogène fait mettre le feu à Lutèce, détruire les derniers ponts reliant le camp à la rive. Puis les Gaulois se tiennent prêts à affronter les soldats arrivant par voie de terre.

Les forces gauloises et romaines se trouvent face à face dans la plaine de Grenelle. L'issue de la bataille est d'abord incertaine. Emmenées par Camulogène, qui combat au milieu de ses hommes, les troupes gauloises font preuve d'une ardeur impressionnante. Flèches et javelots obscurcissent l'air. Mais tout à coup, la troupe romaine dirigée par Labienus prend les *Parisii* à revers. L'effet de surprise joue pleinement, déstabilisant les Gaulois qui voyaient déjà la victoire à portée de main. Malgré une résistance héroïque, les *Parisii* et leurs alliés ne peuvent soutenir longtemps l'assaut des troupes romaines. La victoire de Labienus, qui a lieu en juin, précède de trois mois celle de César devant Alésia. Désormais, comme l'ensemble de la Gaule, la ville des *Parisii* devient, après six ans de résistance, partie intégrante de l'immense territoire géopolitique des Romains.

LA BOURGADE GAULOISE QUI RÉSISTE À L'ENVAHISSEUR

Une humble bourgade réunissant quelques huttes de branchages et de roseaux, protégée des crues du fleuve par des digues de terre, et quelques palissades… Telle est la Lutèce des premiers âges, celle que les *Parisii* ont édifiée sur un site choisi pour sa commodité et ses avantages défensifs. C'est entre le IIe et le Ier siècle avant Jésus-Christ, sous une forme bien modeste, que naît l'une des villes les plus célèbres du monde… Dans les chroniques de l'époque, la cité est appelé tantôt Lutèce, tantôt « la ville des *Parisii* ». Ceux-ci sc sont installés dans l'île principale de la Seine, l'actuelle île de la Cité, qu'ils ont reliée aux rives par des ponts de bois. En effet, le fleuve constitue un rempart naturel contre les agressions ; il fournit en outre un moyen de transport commode et une nourriture abondante. Cette tribu commerçante frappe une monnaie d'or, connaît le travail du fer, creuse des galeries pour extraire le gypse du sous-sol, cultive l'orge et la vigne, pêche dans les eaux du fleuve et chasse dans les bois avoisinants. C'est donc sous la forme d'un obscur hameau de pêcheurs que l'on doit se représenter la Lutèce des origines.

Sous l'égide romaine, des bains et des jeux

∧ Le nouveau visage de la cité des Parisii : reconstitution de la Lutèce gallo-romaine vers la fin du IIe siècle.

La Lutèce gallo-romaine est bientôt reconstruite conformément à la conception typique de l'*urbs*. Les Romains rebâtissent la ville sur l'île centrale et la rive sud, de part et d'autre d'un axe nord-sud, le *cardo*, correspondant au tracé de l'actuelle rue Saint-Jacques. Malgré les conditions très dures que Rome impose aux peuples conquis, la *pax romana* s'accompagne de nombreuses améliorations sur le plan de l'urbanisme, de l'hygiène et du mode de vie. Forum, basilique, temples, arènes, amphithéâtre et thermes donnent son nouveau visage à Lutèce.

> **Le vrai Parisien n'aime pas Paris, mais il ne peut vivre ailleurs.**
>
> *Alphonse Karr*

Cependant, dès le premier siècle de notre ère, une ferveur nouvelle se répand dans l'Empire. Une religion monothéiste venue d'Orient gagne partout du terrain. Elle ne reconnaît pas le panthéon romain, et réprouve comme idolâtre la divinisation de l'empereur… Le fils d'un charpentier de Nazareth a proclamé l'égalité de tous les hommes devant un dieu unique. En dépit de la résistance opposée par les autorités romaines, en dépit des supplices infligés aux chrétiens, les conversions se multiplient, et les cultes polythéistes cèdent progressivement du terrain. Diverses mises à mort de chrétiens ont lieu sur une colline située à proximité de Paris. Celle-ci prend alors le nom de « Mont des Martyrs », appellation transformée plus tard en Montmartre. Deux figures chrétiennes d'importance contribuent au rayonnement de la ville dans tout l'Occident : saint Denis et sainte Geneviève.

Geneviève affronte les barbares

C'est à partir de 253 que la pression des troupes barbares commence à se faire sentir massivement. Venues de l'est, des hordes d'hommes à cheval conquièrent de nouveaux territoires, brûlent, pillent, massacrent tout sur leur passage. En 451,

UN MARTYR TRÈS MÉDIATIQUE

Envoyé en Gaule à des fins d'évangélisation, saint Denis et ses compagnons, le prêtre Rustique et le diacre Éleuthère, sèment le trouble dans la Lutèce romaine. Arrêtés et condamnés, ils sont tous les trois décapités au Mont des Martyrs sur ordre du préfet en fonction. C'est alors que le miracle a lieu : le saint se relève ; tenant sa tête dans ses mains, il se rend à l'endroit où se trouve aujourd'hui l'église qui porte son nom, entouré d'un chœur d'anges… Voilà du moins comment saint Denis est entré dans la légende… Quoi qu'il en soit, sa renommée persiste au fil des siècles et séduit les têtes couronnées : après l'édification de la basilique qui lui est dédiée, tous les rois de France s'y feront inhumer.

˅ Même pas mort ! Après avoir été décapité, saint Denis se relève et parcourt, selon la légende, environ 6 kilomètres à pied.

➤ « Que parlez-vous de vous réfugier en d'autres cités ? Celles-ci seront-elles mieux que Paris abritées contre un coup de main des barbares ? Paris, grâce à la protection du Christ, échappera au carnage. » C'est en ces termes que Geneviève convainc les Parisiens de résister aux Huns.

Attila et ses cavaliers huns approchent de Paris, précédés par une effroyable réputation. Les habitants pris de panique envisagent de fuir en abandonnant leur cité à l'ennemi. Face à la foule, une jeune chrétienne s'insurge : née à Nanterre, dans une famille aristocratique, Geneviève est connue pour sa piété et sa vie quasi monacale. Elle s'est consacrée au dieu chrétien dès son plus jeune âge, après avoir rencontré saint Germain d'Auxerre et saint Loup de Troyes. Elle persuade les Parisiens de ne pas fuir et d'organiser la défense de la ville. Conséquence de cette résistance inattendue, les Huns s'arrêtent à Reims, et Geneviève, considérée comme la bienfaitrice de la cité, se voit de son vivant vénérée comme une héroïne, et promue après sa mort sainte patronne de Paris.

Paris s'impose comme capitale du royaume

D'autres cités auraient pu prétendre à ce titre. Lyon, ancienne capitale des Gaules, Orléans, Reims, où s'effectue le sacre du roi : autant de cités susceptibles de devenir la première métropole d'un royaume... Mais Paris remporte la préférence, notamment en raison de la vénération que le roi franc Clovis éprouve pour sainte Geneviève. Ses descendants, les Mérovingiens, conserveront cette prédilection pour la cité des bords de Seine. La bourgade fondée quelques siècles auparavant par les *Parisii* s'impose au fil du temps comme capitale d'un royaume qu'on appellera : la France.

Quais de la Seine

« C'est un fleuve adorable. On ne se lasse pas de le regarder », écrit Guillaume Apollinaire dans le Flâneur des deux rives en 1918. Mais avant d'être un fleuve adorable, la Seine est surtout lieu de pêche, moyen de transport, et vecteur du commerce. Véritable cœur de la cité du Moyen Age au XVIe siècle, elle est chargée d'embarcations diverses qui la sillonnent à toute heure. Blanchisseurs, tanneurs, tripiers, commerçants et migrants : la Seine est un lieu de vie et fournit du travail à tout un peuple. Les ports se développent en de très nombreux points de ses rives, et pourvoient autant de marchés.

Les berges, où sont installés les ponts, sont « en grève », c'est-à-dire en pente naturelle, ce qui fait qu'elles sont occupées par des habitations. Quant aux ponts, ils sont eux aussi surmontés de maisons qui cachent le fleuve aux passants, et dont le poids engendre régulièrement des accidents dramatiques. Incendies, effondrements aux crues du fleuve… La Seine est, au fil des siècles, théâtre d'événements dramatiques. Edifié en 1578, le Pont-Neuf est le premier des ponts de Paris à ne pas porter d'habitations.

Des édits nécessaires pour préserver le fleuve

Polluée par les nombreuses activités qui se développent sur ses bords, notamment les boucheries, poissonneries, tanneries ou mégisseries, la Seine est cependant la principale source d'approvisionnement en eau des Parisiens, ce qui laisse rêveur quand on sait que la corporation des poissonniers de Paris, par exemple, prescrit de jeter en Seine les denrées avariées, comme les huîtres non vendues dans les cinq jours. Au début du XVIe siècle, le prévôt des marchands prend des édits pour préserver l'eau

du fleuve, interdisant ainsi de balayer les eaux de ruissellement dans la Seine. Mais il faudra attendre longtemps avant que ceux-ci ne soient véritablement appliqués.

« Toi, Seine, tu n'as rien, deux quais et voilà tout... » Verlaine

Les premiers quais apparaissent au début du XVIe siècle avec la construction par Philippe le Bel du quai des Grands-Augustins. La création en 1753 de la place Louis XV, actuelle place de la Concorde, s'accompagne de la réalisation de quais sur les deux rives. Dès lors, le dégagement des ponts et des abords de la Seine se fait peu à peu dans le centre, au prix de la destruction des maisons avoisinantes, ce qui ne va pas sans résistances. Au fil des siècles, la volonté d'embellir et d'assainir la Seine s'impose au détriment de l'activité du fleuve. Tripiers, établissements de bains, bateaux à lessives et tanneurs cèdent progressivement du terrain et disparaissent du centre ville. Avec les chevaux de halage, au XXe siècle, disparaissent les dernières activités directement liées à la Seine.

« Sous le Pont Mirabeau coule la Seine »

Aujourd'hui, la construction de voies sur berges a consacré les bords de Seine à la circulation routière. Avec l'apparition des chemins de fer au début des années 1840, la Seine a perdu ce qui faisait son ultime spécificité : désormais, elle n'est plus qu'une voie de communication parmi les autres. Seuls demeurent, associés aux quais de la Seine, les vendeurs de livres : installés dès la fin du XVIIe siècle sur le Pont Neuf, les bouquinistes, appelés alors « mercelots » persistent et signent. On compte aujourd'hui près de 250 boites vertes accrochées aux quais, pour le plaisir des flâneurs et l'animation des quais. Pourtant, si elle cessé d'occuper une place de premier plan dans les activités de la métropole, c'est encore et toujours la Seine qui confère à la ville son charme inégalé si l'on en croit ce rêveur de Verlaine :

« Qu'il fait bon aux rêveurs descendre de leurs bouges, / Et, s'accoudant au pont de la Cité, devant / Notre-Dame, songer, cœur et cheveux au vent ! »

∧ Le port de l'Arsenal situé près de la place de la Bastille.

∨ Intense activité au quai du Port au Blé en 1782. On aperçoit au fond, le pont Notre-Dame alors recouvert de maisons qui seront détruites en 1786.

Le Paris de Philippe Auguste

« Quiconque veut être cordonnier à Paris doit acheter le métier au roi. Nul cordonnier de Paris ne peut faire le métier comme maître s'il n'est accepté par les maîtres qui gardent le métier de par le roi. Nul cordonnier de Paris ne peut ni ne doit œuvrer après que les chandelles soient allumées si ce n'est sur une commande destinée au roi ou à la reine... »

L'essor du commerce et celui des villes vont de pair au Moyen Âge. Or Paris, avec deux cent mille habitants, s'arroge au XIIIe siècle une prédominance sans précédent sur le royaume... La capitale française tire une large part de sa prospérité de la navigation fluviale et du commerce.

◂ *Les Très Riches Heures du duc de Berry*, par les frères de Limbourg.
Philippe II adore la ville de Paris, où il réside la plupart du temps. Les chroniqueurs Rigord et Le Breton rapportent qu'il est alors difficile de savoir « si le roi aimait plus son peuple ou s'il en était davantage aimé ».

∧ Bouchers, pelletiers, orfèvres, apothicaires, porteurs d'eau... cent vingt à cent trente métiers sont officiellement reconnus et dotés de statuts légaux par Philippe Auguste.

En payant des taxes à l'entrée de la capitale pour leur marchandise, en achetant le droit d'entrer dans une corporation, les commerçants et les artisans assurent la prospérité royale en même temps que celle de la cité. De là l'importance de la réglementation sans faille qui se met en place entre le XIIe et le XIIIe siècles...

Mais l'expansion de la cité fondée par les Parisii doit aussi beaucoup à l'un des rois les plus populaires que la France ait eus : entre 1180 (date à laquelle il accède au trône) et 1223, année de sa mort, Philippe Auguste marque Paris d'une ineffaçable empreinte. Il la modernise, lui donne nombre de ses traits actuels, et pose les jalons d'une société nouvelle.

A chaque métier son saint, ses règles, et son quartier

Sous Philippe II, qu'on n'appelle pas encore Philippe Auguste, la législation du travail se développe progressivement : contraintes, devoirs, tarifs... tout se voit codifié de manière à unifier les pratiques, et à favoriser un commerce stable. Une centaine de métiers se voient alors dotés d'une existence légale dans la capitale : conditions d'accès au métier, recrutement des apprentis et des valets, temps de travail, contrôle de la production... Chaque statut, tout en s'adaptant au moule commun, garde des caractères particuliers. Chaque corps de métier se trouve pourvu d'une existence reconnue par le roi, ainsi que d'une législation propre.

˅ Les bateliers de la Seine, appelés « marchands de l'eau », sont favorisés par Philippe, qui leur accorde d'être les seuls à pouvoir vendre du vin dans Paris.

Cette législation fixe le nombre de membres, impose des statuts, répartit le corps de métier dans la cité. Chaque corps de métier a désormais son saint patron, ses fêtes, ses règles, parfois même sa paroisse et son quartier de prédilection, comme les tanneurs parisiens qui sont regroupés près de la Bièvre, autour de l'église Saint-Marcel, le patron de leur corporation. Avec l'essor urbain, c'est toute l'organisation des métiers qui se métamorphose et le travail qui acquiert – enfin – droit de cité !

« Je jure de mesurer loyalement »

Voici un exemple des règlements préconisés par le prévôt des marchands Étienne Boileau, qui en 1268, compile les règlements existants.

« Nul à Paris ne peut être mesureur de blé ni d'aucune autre sorte de grains, de quelque façon que ce soit, s'il n'a la permission du prévôt des marchands et de la confrérie. Il convient que quiconque a obtenu la permission de mesurer jure sur les saints, avant de pouvoir mesurer, qu'il fera le mesurage aussi bien qu'il le peut et loyalement, quel que soit le grain qu'il mesure et qu'il donnera la juste mesure, bien et loyalement, au vendeur et à l'acheteur. Aucun mesureur ne peut ni ne doit demander, pour le mesurage d'une charretée de grains, plus que quatre deniers, pour un char huit deniers, pour une charge un denier, cela quelle que soit la bête, âne ou cheval, et cela

que les charges ou les charretées soient grandes ou petites. C'est le vendeur qui paie le mesurage. Si quelqu'un a vendu son blé ou son grain, quel qu'il soit, il peut le mesurer lui-même si l'acheteur veut le recevoir de sa main : mais si l'acheteur le désire, les mesureurs jurés le mesureront.
Si un bourgeois de Paris ou un étranger du dehors, quel qu'il soit, livre l'échantillon de son grain pour le vendre et qu'il le vende, il doit assigner au mesurage une somme suffisante de bon argent et le mesureur doit avoir pour chaque muid de grain six deniers de mesurage et, pour la vente, il ne peut ni en demander ni en prendre plus. Et s'il y en a plus, il doit avoir plus et s'il y en a moins, moins. Aucun mesureur ne peut mesurer de grains s'il n'a pas de mesure marquée du seing du roi et s'il le faisait, il serait à la merci du prévôt de Paris. »

Le marché des Halles installé jouxte le plus vaste cimetière de Paris

^ Les bateliers de la Seine, appelés « marchands de l'eau », sont favorisés par Philippe, qui leur accorde d'être les seuls à pouvoir vendre du vin dans Paris.

Disposant de bonnes routes et de voies fluviales orientées vers divers pôles économiques comme la Champagne, la Bourgogne et les Flandres, Paris connaît alors un essor urbain exceptionnel. Mais il se trouve aussi que le roi s'efforce par tous les moyens de rendre sa ville propice au négoce. Le Paris actuel reste d'ailleurs redevable de certaines innovations : le roi Philippe Auguste rachète la foire qui se trouvait près de la léproserie de Saint-Lazare, et la transfère aux Champeaux, emplacement actuel des Halles. C'est là que se développera, des siècles durant, le cœur marchand de la cité. Désormais, l'échoppe, la boutique, l'atelier, le marché — et dans certains cas les foires — participent à cette activité économique qui permet à l'ensemble des citadins de vivre ensemble.
Taxant lourdement la communauté juive, le souverain fait construire les premiers bâtiments des Halles, deux édifices destinés à abriter marchands et marchandises. Des portes

∨ Le rez-de-chaussée aux commerçants aisés, les étages aux petites gens : l'habitation médiévale est à l'inverse des immeubles actuels. Plus on monte, moins c'est cher.

ferment ces bâtiments la nuit, pour permettre aux marchands d'y entreposer leurs denrées. D'abord dédiées aux drapiers et aux tisserands, les futures Halles s'ouvrent progressivement au commerce du vin, du blé, et enfin à l'ensemble des produits alimentaires. Afin de favoriser le négoce, Philippe fait édifier un mur séparant le marché des Champeaux du cimetière des Saints-Innocents, de manière à préserver l'espace marchand. Ce faisant, il contribue grandement à assainir le quartier, réputé nauséabond : des milliers de morts y étaient enterrés chaque année, dans un terrain ouvert et marécageux…

Modernisation du commerce, assainissement urbain… Sous le règne de Philippe, la ville s'enrichit, le peuple connaît une

« AU LAIT, LA COMMÈRE MA VOISINE »

Le Paris médiéval bruisse de l'aube à la tombée du jour. Les produits d'une abondance nouvelle sont en vente, et la publicité se fait exclusivement à la criée. Voici ce qu'un passant peut entendre : « Rapiéceur de vêtement ! », « Raccommodeur de haches, de bancs et de baquets !… », « Herbe à joncher le sol !… », « Marchand de vieilles chaussettes ! » Un tel s'écrie : « J'ai du bon merlan frais, du merlan salé !… » Un autre : « Je change des aiguilles contre du vieux fer ! » Et plus loin : « Qui veut de l'eau contre du pain ? » Le crémier s'égosille : « J'ai du bon fromage de Champagne, du fromage de Brie ! N'oubliez pas mon beurre frais !… » L'apprenti meunier propose : « Voilà du bon gruau ! Farine fine ! Farine… » La laitière vante son pot au lait : « Au lait, la commère, ma voisine !… » Des marchands crient les oisons, les pigeons, la viande salée, la viande fraîche, ou la sauce à l'ail, le miel, les pois en purée chaude, les fèves chaudes, les oignons, le cresson de fontaine, et le pourpier, et les poireaux, et la laitue fraîche. « Pêches mûres ! Poires de Caillaux ! Noix fraîches ! Calville rouge ! Calville blanche d'Auvergne !… », s'exclame le fruitier. « Balais ! Balais !… », « Bûches ! Bûches à deux oboles la pièce !… » Le crieur publie un édit du bon roi Philippe : « Le vin est désormais en vente à trente-deux deniers ! à seize ! à douze ! à huit ! à six !… » Puis voici le sonneur qui court les rues en criant : « Priez pour l'âme du trépassé ! » Et sur le soir, on commence à entendre le marchand d'oublies clamer : « Voilà l'oublieur ! »

^ Le marché des Champeaux, à l'emplacement des actuelles Halles de Paris.

période de prospérité et d'abondance, ce qui contribue largement à la popularité du souverain.

Comment l'idée vint au roi du pavage des rues

À la différence de ses prédécesseurs, dont la cour restait itinérante, Philippe s'est définitivement fixé à Paris. Il se préoccupe donc d'aménager la cité. Il fortifie la ville en l'entourant d'un rempart dont certains pans sont encore visibles de nos jours, lance la construction d'une forteresse promise à un bel avenir, le Louvre. Enfin et surtout, le roi habite la capitale, il en éprouve donc personnellement les désagréments... Une anecdote fameuse à ce propos montre le souverain contraint d'envisager les questions pratiques d'aménagement urbain.

Un jour de forte chaleur où le roi se voit retenu dans son palais, il s'accoude à une fenêtre pour prendre l'air. À ce

« Paris n'a pas été bâti en un jour, et n'est même pas encore terminé. »
Chaval

moment précis, des charrettes passent sur la voie en contrebas. Ce faisant, elles remuent la boue et les immondices dont la rue est pleine : une puanteur à peine supportable en émane, et monte jusqu'à la fenêtre où le roi est accoudé... En sentant cette odeur affreuse, Philippe quitte la fenêtre, le cœur défaillant. Dès lors sa décision est prise : il forme le projet d'un travail ardu, coûteux, gigantesque, mais nécessaire. Aucun de ses prédécesseurs n'a osé l'entreprendre, à cause des grands frais et des difficultés que présente son exécution. Après avoir convoqué les bourgeois et le prévôt de Paris, Philippe leur ordonne, en vertu de son autorité royale, de faire paver toutes les rues de grès épais et robuste, ainsi que les places de la ville avec de fortes et dures pierres.

Les carreaux des Halles

Désormais, la rue est également dotée d'un revêtement en dur. Le pavage se limite d'abord à quelques rues, choisies parmi les principales : Saint-Jacques, Saint-Martin, Saint-Antoine, Saint-Honoré. En choisissant les axes nord-sud et est-ouest de la capitale, on fait le choix de privilégier les voies de communication décisives pour la vie commerçante de la capitale, et non le bien-être de la population... On utilise pour l'essentiel de petites dalles de 5 à 6 centimètres carrés,

˅ Quoique chauve, Philippe II est selon les chroniqueurs, « beau et bien bâti ». « Il fait paver Paris, dompte les seigneurs orgueilleux, défend l'Église, et nourrit les pauvres. » De ce fait, on l'appellera Philippe Auguste.

∧ Les « carreaux » utilisés en 1296 sont de petites dalles de 5 à 6 centimètres carrés et de 16 à 19 centimètres d'épaisseur.

et de 16 à 19 centimètres d'épaisseur. Le souvenir de ces petites dalles, appelées « carreaux », substiste encore dans l'expression « carreau des Halles ». Selon l'endroit de la rue, le pavement est de qualité différente : il doit notamment être renforcé au milieu. En effet, les carrosses passent au milieu de la rue ; plus lourds, ils usent davantage le revêtement que le passage des piétons, qui se fait plus près des maisons. À partir de 1222, une charte fixe la largeur des rues à 6 mètres environ, ce qui représente l'espace nécessaire au croisement de deux charrettes. Des bornes de pierre ont été installées en bordure des chaussées, empêchant que les voitures n'endommagent les habitations. Mais en réalité, elles servent aussi aux cavaliers pour enfourcher leur monture !
Le prévôt des marchands se voit confier la responsabilité des travaux, tandis que le financement est assuré par les autorités royales. Pour leur exécution, on décide de faire appel à un professionnel…

Une nouvelle charge est bientôt créée : celle de « paveur juré du roi » !

Celui qui deviendra plus tard « paveur juré du roi » s'appelle d'abord « visiteur des pavements ». Si ce nom laisse supposer que la tâche consiste en une simple surveillance, il n'en est rien en réalité. Cet artisan prend certes en charge la surveillance de la qualité des pierres (les pavés n'étaient vendus qu'après avoir été contrôlés) et celle des paveurs pendant leur travail. Mais c'est au paveur juré du roi qu'incombe une double responsabilité : celle des rues nouvellement pavées et celle des rues à paver. C'est lui qui décide des voies à paver en priorité. Mais Paris n'a pas été pavé en un jour… Les travaux s'effectuent sur plusieurs siècles, et nombreux sont les paveurs du roi à se succéder à cette tâche.

Sous le règne de Philippe, une géante sort de terre

En 1163, débute la construction de Notre-Dame, qui ne s'achèvera qu'en 1330. C'est Maurice de Sully, l'archevêque de Paris, qui est à l'origine de cette œuvre colossale et inspirée. Le site sur lequel elle s'élève n'a pas été choisi au hasard : il a de tout temps été dévolu à la piété. En effet, la cathédrale est située sur le site d'une église plus ancienne, rasée pour l'occasion. En ce lieu, déjà, des miracles se sont produits. Le plus célèbre a lieu en 1086. Dans l'église, le futur saint Bruno prie auprès du corps d'un ami décédé. Pendant l'office des morts, aux mots *responde mihi* (« réponds-moi ») le mort s'anime et proclame devant l'assistance médusée : « *Justo Dei, judicio accusatus sum* » (« Dieu juste, par ton jugement, je suis accusé »). Choqué, impressionné, ému, saint Bruno fonde peu après l'ordre contemplatif des Chartreux, voué à la prière et à la solitude.

Dédiée à « la sainte mère du Christ », la cathédrale devient très vite un refuge pour les déshérités. Dès son édification, on place à l'entrée de Notre-Dame des berceaux dans lesquels les mères sans ressources peuvent déposer l'enfant qu'elles

> « Il est, à coup sûr, peu de plus belles pages architecturales que cette façade », écrit Victor Hugo. « Vaste symphonie en pierre, pour ainsi dire ; œuvre colossale d'un homme et d'un peuple. »

EN ACCORDANT CERTAINS PRIVILÈGES À L'ÉVÊQUE, PHILIPPE S'EFFORCE DE FAIRE RESPECTER LE POUVOIR ROYAL À PARIS

Jusque dans sa capitale, le roi doit lutter pour faire valoir ses droits. D'autres seigneurs, comme le vicomte de Meulan et l'évêque, y sont plus puissants que lui. Philippe Auguste transige donc avec l'évêque Guillaume de Seignelay et le chapitre de Paris au sujet de leurs droits respectifs dans la ville. Tout en lui reconnaissant certains privilèges, comme celui d'avoir ses propres artisans qui ne payeront pas l'impôt au souverain, Philippe limite les prérogatives de l'évêque. Cette charte, écrite à Melun en 1222, sera respectée jusqu'en 1674. Elle est connue sous le nom de Philippine.

« Nous voulons que l'évêque de Paris et ses successeurs aient à Paris un drapier, un cordonnier, un maréchal-ferrant et un forgeron, un orfèvre, un boucher sur le Parvis, un charpentier, un tonnelier, un boulanger, un portier, un pelletier, un tanneur, un épicier, un maçon, un barbier, un sellier, qu'ils aient la liberté dont les artisans des évêques ont joui jusqu'ici ainsi qu'un prévôt qui jouira de la même liberté, en tant que prévôt de l'évêque. Et quand l'évêque prendra ces artisans à son service, il dit, par sa parole qu'il aura donnée au roi, qu'il les prendra en toute bonne foi sans méprise envers nous ; et nous ne grèverons pas ces artisans de tailles après la mort de l'évêque pour la raison des susdits offices ; et les artisans qui seront ainsi pris, l'évêque doit les nommer ou faire nommer par nous ou notre prévôt. Les artisans doivent se conduire de telle façon que chacun d'eux fasse, quand il est engagé, le métier pour lequel il est engagé. Au nom de la sainte et indivise Trinité, amen. Philippe par la grâce de Dieu roi de France. Sachent tous présents et à venir que c'est la paix faite entre nous d'une part et l'évêque et le chapitre de Paris d'autre part. »

n'ont pas les moyens de nourrir. Plus tard, l'usage s'établit d'abandonner ces nourrissons sous le porche même de la cathédrale, où les prêtres les recueillent pour les confier à une institution charitable. C'est en 1552 seulement qu'est fondée, près de Notre-Dame, une maison destinée à accueillir ces enfants trouvés.

Le déluge menace la capitale

La puissance des éléments met parfois en péril les efforts de Philippe pour moderniser sa capitale, de même que la foi des Parisiens. En l'an 1196, une inondation majeure s'abat sur la capitale. Les débordements de la Seine sont tels au mois de mars que le fleuve emporte la plupart des ponts. Le clergé et le peuple redoutent que cette catastrophe ne prélude à un second Déluge, et la capitale devient le lieu d'une immense dévotion. On défile en processions nuit et jour dans la capitale, pieds nus, avec force larmes, soupirs et gémissements... Philippe lui-même suit ces cortèges, implorant la miséricorde divine comme le plus humble de ses sujets. Les eaux de la Seine atteignent alors une élévation considérable : pour s'y soustraire, le roi est obligé d'abandonner son palais de la Cité pour se réfugier avec son fils à l'abbaye Sainte-Geneviève. Maurice de Sully trouve pour sa part un abri dans celle de Saint-Victor. Heureusement, l'intervention du père supérieur de Saint-Denis se révèle miraculeuse, si l'on en croit le chroniqueur Rigord. « Au nom du signe de la sainte Passion, que le Seigneur ramène ces eaux dans leur lit », déclare le supérieur du Saint Couvent du Bienheureux Denis face à la Seine en crue. La terreur et la dévotion se sont depuis plusieurs jours emparées de la ville. Quelques jours après l'exhortation du religieux, les intempéries s'apaisent et les eaux regagnent le lit du fleuve.

∨ Tableau d'une vie parisienne prospère : un changeur, des marchands d'oublies ambulants, un barbier et un batelier.

Le Louvre d'hier et d'aujourd'hui

De *la Reine Margot* à *Da Vinci Code*, du Masque de Fer à Belphégor, ses alcôves, ses couloirs et ses secrets ont inspiré romanciers et cinéastes. Palais des rois de France jusqu'au jour où Louis XIV le quitta pour Versailles, le Louvre est aujourd'hui, par sa taille et la richesse de ses collections, le plus grand musée du monde.

Un coffre-fort pour Philippe Auguste

Trente-deux mètres de hauteur, 15 mètres de diamètre et des murs épais de 4,20 mètres à la base… La forteresse entourée d'un fossé que Philippe Auguste fait construire en 1200 sur la rive nord du fleuve n'a qu'un objectif défensif : surveiller l'aval de la Seine, à une époque où les incursions des Vikings sont fréquentes. Instruit par l'exemple, le roi y enferme ensuite ses archives. En effet, les Anglais les lui ont chipées, en 1194, lors de la bataille de Fréteval ! Désormais, le trésor royal et les archives seront conservés dans le donjon du Louvre, indépendamment de l'endroit où se trouve le roi. Devenue obsolète, la forteresse est rasée en 1528, mais le tracé du donjon reste encore visible dans la cour carrée.

∧ Les vestiges de la forteresse de Philippe Auguste découverts au moment de l'aménagement du Grand Louvre en 1988.

➤ Belphégor, le fantôme du Louvre.

Un palais pour François Ier

En 1527, François Ier annonce sa décision de s'installer au Louvre. Commence alors la transformation de la forteresse en résidence royale luxueuse. Le monarque est également à l'origine des collections du Louvre : il y installe sa propre galerie de peintures de maîtres italiens de son temps. Le Louvre hérite ainsi de certains de ses tableaux, et non des moindres : *la Joconde*, *la Belle Jardinière* de Raphaël, ou le portrait du roi par Titien.

Un musée pour Paris et le monde entier

Quand Louis XIV abandonne Paris pour Versailles, le Louvre reste à l'abandon pendant près d'un siècle. Ce n'est que le 10 août 1793 que les portes de la grande galerie s'ouvrent aux visiteurs : voilà le Louvre devenu musée. Agrandi, transformé et rénové à maintes reprises, il se voit orné en 1988 d'une pyramide de verre dans la cour Napoléon.

Hanté par Belphégor, le dieu des Ammonites, et peut être aussi par les amants de la Reine Margot, abritant, si l'on en croit *Da Vinci Code*, de prodigieux secrets dont Vinci était dépositaire, il n'expose que trente-cinq mille des trois cent mille œuvres d'art qui constituent le patrimoine du musée. De quoi faire rêver, pour longtemps encore, maint touriste, et maint Parisien.

≺ La pyramide inversée du Carrousel, lieu hautement symbolique du roman de Dan Brown, *Da Vinci Code*.
≺ L'espace devant la Colonnade du Louvre construite par Louis Le Vau, Charles Le Brun et Claude Perrault sous Louis XIV, fut dégagé au milieu du XVIIIe siècle

Les Parisiens au Moyen Âge : l'émancipation du savoir

Le premier mars de l'an de grâce 1278, au lieu-dit du Pré-aux-Clercs, une violente dispute oppose le bachelier ès arts Gérard de Dôle et le fils de Pierre le Scelleur à des moines de Saint-Germain-des-Prés. L'Université a obtenu la jouissance du terrain ainsi nommé ; mais l'abbaye a fait construire une tour sur le chemin que les étudiants empruntent pour s'y rendre... De là, de fréquentes disputes. Ce jour-là, l'altercation dégénère en rixe : les deux jeunes gens sont tués. En représailles, les étudiants entrent en force dans l'abbaye, saccagent le jardin de l'aumônier, et troublent la foire de Saint-Germain-des-Prés...

< Donné en latin, l'enseignement médiéval initie d'abord les écoliers aux sept arts libéraux : grammaire, dialectique et rhétorique, puis arithmétique, géométrie, astronomie et musique. Hérité de l'Antiquité, cet apprentissage est jugé indispensable à la compréhension de l'Écriture sainte.

Certes, le Paris du Moyen Âge brille d'un éclat incomparable dans la nuit médiévale. Mais la «ville des villes», comme l'appelle Jean de Jaudun, suggérant par là qu'elle joue alors le rôle dominant que Rome et Athènes ont tenu dans l'Antiquité, est aussi le lieu d'incessantes et tumultueuses confrontations : les étudiants composent une foule turbulente et insoucieuse, le pape et le roi rivalisent de magnificence, royauté et ordres religieux entrent en concurrence...

> Les écoliers sont de mauvais garçons. L'autorité ecclésiastique excommunie ceux qui se promènent avec des armes. Malgré cela, en 1223, les bourgeois parisiens se fâchent : trois cent vingt étudiants sont tués et leurs corps jetés dans la Seine.

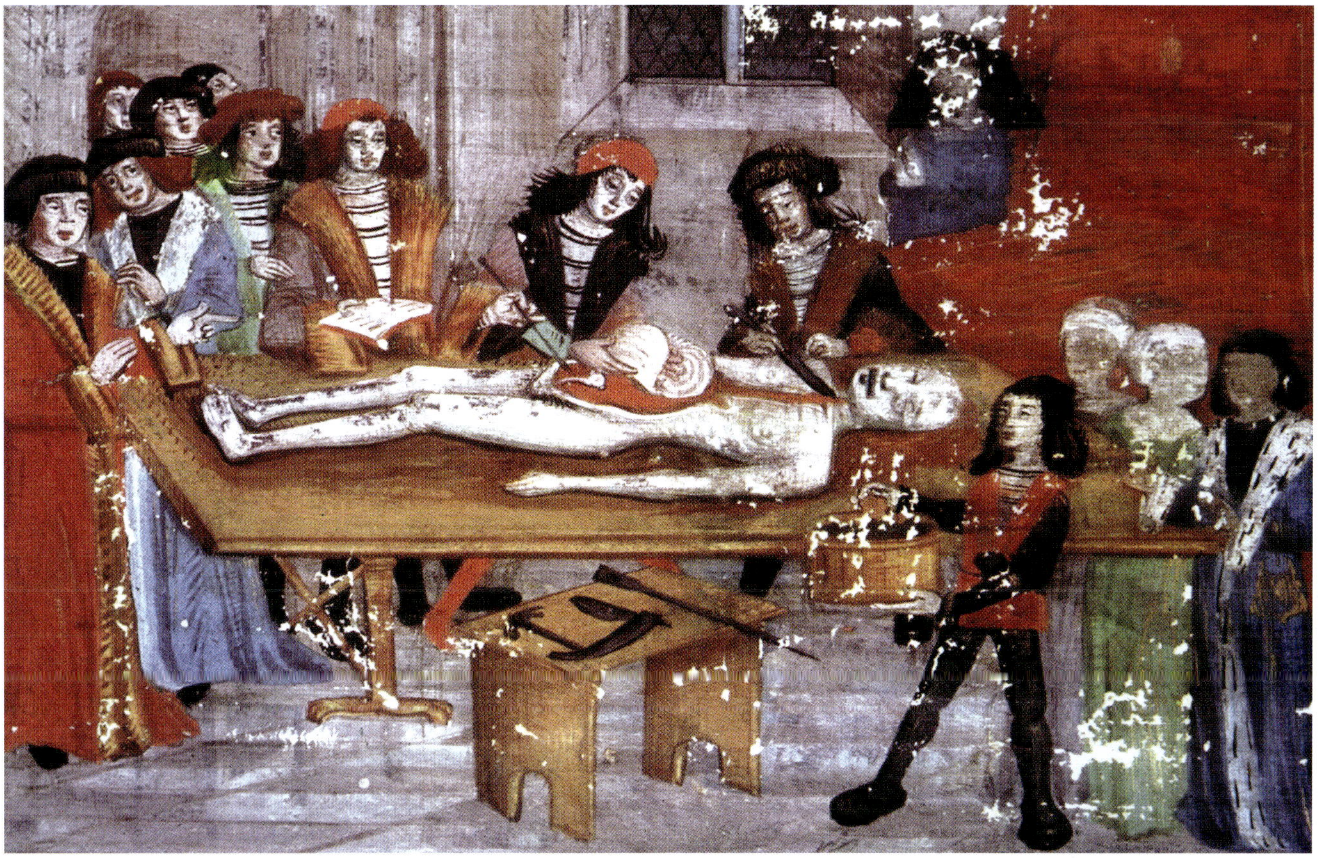

Les écoliers à l'assaut de la Montagne Sainte-Geneviève

⮝ Interdite depuis l'Antiquité, l'étude de l'anatomie est cependant pratiquée à Paris au Moyen Âge, mais reste considérée comme un sacrilège. Seules certaines confréries sont autorisées par l'Église à pratiquer des dissections sur des cadavres de suppliciés.

L'antagonisme que l'on voit éclater entre les écoliers et les moines de Saint-Germain n'est qu'un exemple de l'hostilité qui se manifeste entre l'Université et le monde religieux. Celle-ci prend sa source dans l'émancipation de l'Université elle-même. En effet, la chrétienté a fondé dans ses monastères des centres d'enseignement. À Paris, ils forment une annexe de la cathédrale jusqu'au XIIe siècle. À cette époque, l'école de la cathédrale étant devenue trop petite pour le nombre d'étudiants, certains maîtres ouvrent des cours libres sur la Montagne Sainte-Geneviève. Malgré les protestations de l'évêque de Paris, les étudiants les suivent en foule. Dans ces collèges, les élèves écoutent, debout, les maîtres, qui donnent leurs cours juchés sur un perchoir. On y enseigne, outre la théologie, la médecine, les arts et les lettres... Les études débutent alors à l'âge de quatorze ans, et durent environ six années. Progressivement, les écoles urbaines prolifèrent à Paris, qui devient alors un grand foyer d'alphabétisation et d'instruction, un centre vers lequel on converge depuis toutes les régions de l'Europe. Dans la capitale, instruction et religion commencent à se dissocier lentement, au grand dam de l'Église.

L'HISTOIRE D'AMOUR DU SIÈCLE

Elle fait battre le cœur d'un professeur quadragénaire et celui de son élève, une jeune fille de dix-sept ans. Quand il rencontre la nièce du chanoine Fulbert, en 1115, Abélard est un théologien réputé pour son intelligence et ses connaissances. Le chanoine l'a choisi comme précepteur pour sa nièce, elle-même remarquablement douée pour les études et l'écriture. Faut-il le préciser ? Héloïse est belle comme un cœur. Et Abélard, tout théologien qu'il est, ne résiste pas longtemps à la tentation… « Les livres étaient ouverts, mais il se mêlait dans les leçons plus de paroles d'amour que de philosophie, plus de baisers que d'explications », écrit-il rétrospectivement. De leçon en leçon, la jeune élève tombe enceinte… Furieux, le chanoine oblige le professeur à épouser sa nièce. Mais la réputation d'Abélard exige que le mariage soit tenu secret et les amants acceptent de vivre séparés. Mécontent de cet arrangement, Fulbert fait castrer Abélard. Celui-ci se retire alors à l'abbaye de Saint-Denis. Héloïse entre pour sa part au couvent d'Argenteuil. Les amants n'auront plus alors que des échanges épistolaires. « Puisque tu es devenu tout pour moi, la grâce de Dieu seul exceptée, il ne m'est plus nécessaire de rien désirer d'autre, pour la durée des siècles à venir », écrit Héloïse. Enfin réunis dans la mort, les amants reposent au cimetière du Père-Lachaise, à Paris, où leurs corps ont été enterrés ensemble au début du XIXe siècle.

L'Université devient légale

▲ « L'amour se réfléchissait dans nos yeux plus souvent que ne les attirait la lecture… », écrit Abélard.

En 1200, la police royale réprime sauvagement un incident entre les bourgeois de Paris et la corporation universitaire parisienne. Celle-ci en appelle au roi : Philippe Auguste prend sa défense et accorde à ses membres, maîtres et étudiants, le privilège d'être soumis à la juridiction ecclésiastique pour les fautes dont ils se rendront coupables. De la sorte, il leur confère un privilège notable : le droit écrit de l'Église est une garantie contre l'arbitraire. Mais cette décision, en conférant un privilège à l'Université, donne également une existence légale à la corporation. En 1215, Innocent III reconnaît à son tour le corps universitaire parisien, dont il fixe certaines dispositions statutaires. Désormais, l'Université dispose d'un statut garanti par l'autorité laïque et par l'Église. Peu à peu, les

Votre cité est un moulin dans lequel tout le froment de Dieu est moulu pour la nourriture du monde entier.
***Héron de* Villefosse**

˅ Reçu bachelier à l'université de Paris en 1449, François Villon devient maître ès arts en 1452. Au cours d'une bagarre, il poignarde un prêtre et quitte Paris pour fuir la justice. Condamné à mort en 1463, il est gracié mais exilé de la capitale. On perd sa trace à partir de ce moment.

maîtres s'organisent, les diverses facultés instituent des procédures pour donner licence d'enseigner. En 1221, l'Université a son propre sceau. La rive gauche de la Seine se couvre rapidement d'écoles, et de maisons destinées à accueillir maîtres et écoliers. Sur la Montagne Sainte-Geneviève et aux alentours, les étudiants communiquent entre eux dans la langue de la culture. Cette fraction de Paris portera désormais le nom de Quartier latin.

Qu'il soit riche ou pauvre, l'étudiant jouit donc d'un statut à part dans la société, et d'un savoir supérieur à celui de l'ensemble de ses contemporains. Maîtres et étudiants sauront profiter de cette liberté bien rare dans une société extrêmement hiérarchisée… De là bon nombre d'excès : jouant des tours pendables aux bourgeois, souvent criblés de dettes, attaquant femmes et filles, ennemis jurés des clercs, les écoliers se signalent par leurs malices pas toujours inoffensives. Querelleurs, ripailleurs, volontiers ivrognes, ils suscitent l'hostilité de la population.

La première crise du logement

∨ Le collège de Robert de Sorbon admet des étudiants de tous pays. Il est donc, dit-on, un abrégé de l'univers.

Rapidement, les jeunes gens originaires de tous pays accourent en foule, constituant une population à la fois turbulente et cultivée, et Paris devient la capitale intellectuelle – en même temps que la plus vaste cité – de l'Europe continentale. Sur les bancs de l'université parisienne, on pourra voir ainsi ceux qui formeront l'élite intellectuelle de l'Europe médiévale : le prince allemand Albert le Grand, l'Écossais Duns Scot, l'Espagnol Raymond Lulle, l'Anglais Roger Bacon, l'Italien Brunetto Latini et son élève Dante Alighieri... La splendeur et la renommée de Paris passent dès lors par l'éclatante lumière que projette sur le monde l'université parisienne... En 1210, Paris rivalise comme centre d'érudition avec Athènes et l'Égypte, et attire des écoliers du monde entier.

Sa réputation qui s'étend rapidement a pour première conséquence l'une des nombreuses crises du logement à Paris. Beaucoup de jeunes étudiants désireux de s'instruire décident de le faire dans la capitale française. Il faut alors payer un an de loyer d'avance à un logeur, qui fournit également le couvert, c'est-à-dire la nourriture, aux écoliers... On assiste à cette occasion à la naissance des premières pensions de famille. C'est également dans ce contexte qu'apparaît un des plus prestigieux établissements du monde.

Un certain Robert de Sorbon...

En l'an 1256, un maître en théologie du nom de Robert de Sorbon achète diverses maisons situées rue Coupe-Gueule, et le roi Louis IX lui en donne une, sise dans la même rue. Pourquoi cette acquisition et cette donation ? Elles ont pour objet l'établissement d'un collège destiné à accueillir des étudiants en théologie. À peine née, la nouvelle institution à la faveur du clergé, comme celle

1150-1968, MÊME COMBAT

À partir de 1150, sur ordonnance de Louis VII, les maîtres de l'université parisienne sont autorisés à suspendre leurs cours, en guise de protestation, si l'un d'eux ou un écolier subissait un outrage... De la sorte, les autorités se voient contraintes de réparer le tort causé. Un privilège précurseur de troubles notoires... Le 3 mai 1968, plusieurs centaines d'étudiants occupent l'université parisienne. Ils ont dressé des barricades obstruant le boulevard Saint-Michel. La police charge, dissipe les barricades et fait évacuer la Sorbonne. Les étudiants battent en retraite, mais ne s'avouent pas vaincus... Ces incidents donnent naissance à un conflit social majeur... La France entière s'en trouvera affectée pour plusieurs mois, et la société en sera profondément modifiée. Une évidente manifestation de l'esprit frondeur du Quartier latin!

∧ Dès 1231, des luttes très vives et souvent sanglantes opposent l'évêché et l'université. Celle-ci a recours à la suspension des cours. Professeurs et étudiants se dispersent, semant le trouble dans le Quartier latin. En 1968, l'université de Jussieu renoue avec cette tradition contestataire.

du roi. Le pape Alexandre III incite chacun à soutenir cette œuvre pieuse. De nombreux bienfaiteurs se présentent. Certains, comme Robert de Douai, chanoine de Senlis et médecin de la reine Marguerite de Provence, femme de Louis IX, testent en faveur du collège. L'ancien médecin laisse, à sa mort, 1 500 livres Parisis. D'autres font des dons en nature. Jean de Douai et Jean de la Rue offrent des maisons et des terres; Gérard d'Abbeville, pour sa part, lègue sa bibliothèque, composée d'environ trois cents volumes. Ce précieux legs inaugure la prodigieuse collection d'ouvrages que la Sorbonne commence alors à réunir.

Les premiers livres imprimés

Le collège voit progressivement le jour. On y installe d'abord seize écoliers boursiers. Par la suite, les docteurs de la faculté de Paris s'y établissent, et le collège pour étudiants pauvres connaît le succès que l'on sait... Des siècles plus tard, après la disparition des trônes et des murailles féodales, l'Université d'autrefois respire encore dans l'actuel Quartier latin, sanctuaire de la connaissance humaine. Paradoxalement, c'est dans cette enceinte que viendront s'établir, en 1470, Ulric Géring, Martin Kranz et Michel de Colmar... C'est là qu'ils dressent leurs presses, c'est de cette enceinte que sortent les premiers livres imprimés à Paris. Le célèbre collège de Robert de Sorbon, si profondément attaché à la tradition religieuse, si justement honoré par les papes, se trouve à l'origine, en France, de l'imprimerie, qui devait tant faire pour la diffusion d'idées laïques en Europe...

˅ Au début du XIIIe siècle, les Templiers disposent d'une force militaire de quinze mille hommes : davantage que n'importe quel roi de la chrétienté.

« TOUS MAUDITS JUSQU'À LA TREIZIÈME GÉNÉRATION ! »

Alors que Louis IX entre dans l'histoire comme un modèle de prince chrétien, son petit-fils Philippe s'y inscrit sous un tout autre jour... Le 18 mars 1314, les Parisiens viennent nombreux assister à une exécution extraordinaire. On se masse le long des quais de la Seine : le grand maître de l'ordre des Templiers, Jacques de Molay, et Geoffroy de Charnay doivent être brûlés vifs sur un bûcher dressé à leur intention au bout de l'île aux Juifs. La rivalité du roi et des ordres religieux atteint ainsi un paroxysme. Installés dans le Marais depuis 1140, les Templiers ont vu leur ordre dissous en 1291. Mais en 1314, quand Philippe le Bel prend ombrage de leur influence, une commission composée de trois cardinaux condamne au bûcher le grand maître de l'ordre et son bras droit pour les crimes d'apostasie, d'idolâtrie et de sodomie. Sous la torture, les deux dignitaires ont confessé ces forfaits, mais au soir du 18 mars, ils rétractent publiquement leurs aveux, avant d'être suppliciés et mis à mort. Leurs derniers mots seront des malédictions destinées au roi.

Paris rivalise avec la cité des Papes

∧ Une chapelle basse dédiée à la Vierge, et dévolue à la domesticité, côtoie la chapelle haute illuminée de hauts vitraux où se tiennent le roi et sa cour.
Dans cette chapelle de la Sainte-Croix, une châsse de trois mètres de haut, œuvre des meilleurs orfèvres parisiens, abrite les précieuses reliques acquises par Louis IX.

Mais le prestige de la capitale n'est pas uniquement lié à sa dimension intellectuelle : la foi y a aussi sa part. Louis IX acquiert un précieux butin, dont il entend bien tirer parti pour faire de Paris une capitale religieuse. En effet, les deux trésors qu'il s'est fait envoyer de Jérusalem sont de nature à faire pâlir d'envie le pape et ses cardinaux. Le roi a acheté deux reliques inestimables : la couronne d'épine portée par le Christ lors de sa Passion, couronne payée par Louis IX cent trente-cinq mille livres, et un morceau de la croix sur laquelle il a été crucifié... Pour abriter ces précieuses reliques, le roi réclame un bâtiment sans égal. Près de Notre-Dame, un second joyau de l'art gothique s'élève dans l'île de la Cité. Édifiée en un temps record, de 1246 à 1248, la Sainte-Chapelle est conçue par son architecte comme une véritable châsse. Outre les foules d'écoliers et les érudits en mal de savoir, Paris attire désormais les pèlerins, rivalisant ainsi ouvertement avec Rome.

Parisiens, encore un effort...

«Adieu, ville de boue!» s'exclame Rousseau en 1750, en quittant la capitale... Si elle témoigne à coup sûr de l'amertume d'un philosophe mal aimé de ses contemporains, cette exclamation est sans doute aussi à prendre au pied de la lettre... Pendant longtemps, les Parisiens ont jeté leurs déchets sur la voie publique ou dans les fossés. La ville est alors non seulement sale, mais aussi, dangereuse et nauséabonde. On glisse sur le crottin de cheval, les roues des carrosses projettent des ordures sur les passants... Les rues sentent mauvais et sont encombrées d'immondices.

∧ Résultat de la grève des éboueurs en 2004: un Paris new look!

∧ Le quartier des chiffonniers de Paris à la fin du XIXe siècle

L'affaire de tous ?

Au fil du temps, le pouvoir s'est pourtant efforcé de remédier à ces inconvénients. En 1506, Louis XII édicte que la royauté se chargera du ramassage des ordures et de leur évacuation. La « taxe des boues » prévue pour ce service rencontre cependant une telle hostilité parmi la population que cette décision n'est jamais réellement mise en application... À l'inverse, l'ordonnance de police de 1799 imposant aux propriétaires et locataires parisiens de balayer chaque jour devant leur logis connaît un succès incontestable. De la sorte, l'état des voiries de la capitale s'améliore progressivement, allant de pair avec une prise de conscience relative à l'importance de la propreté.

Enfin, Eugène Poubelle vint...

Le 24 novembre 1883, Eugène Poubelle, préfet de la Seine, signe un arrêté obligeant les propriétaires parisiens à fournir à chacun de leurs locataires un récipient muni d'un couvercle. Dimension, contenance et destination des boîtes : tout a été spécifié par le préfet de la Seine, qui invente du même coup ce qu'on appellera plus tard le tri sélectif.

La propreté se chiffre à Paris

Avec 3 000 tonnes de déchets ramassés par jour, 1 500 kilomètres de rues et 2 400 kilomètres de trottoirs, les six mille personnes employées à l'heure actuelle pour la propreté de la ville de Paris ont fort à faire... S'il n'y a plus de crottin de cheval à ramasser, les deux cent mille chiens de la capitale produisent 16 tonnes de déjections quotidiennes. Auxquelles s'ajoutent dix-huit mille corbeilles à papier et deux cent quarante-deux bennes à ordures à vider... Alors, indécrottables, les Parisiens ?

∧ Pendant la grande crue de 1910, la population en profite pour jeter ses déchets dans la Seine.

∨ En mai 68, la grève du service public atteint aussi les éboueurs. Les trottoirs de Paris disparaissent sous les tas d'ordures.

Les Parisiens au temps des guerres de religion

< « Eh bien ! par la mort Dieu, soit ! mais qu'on les tue tous, qu'il n'en reste pas un pour me le reprocher après ! », s'exclame Charles IX, donnant ainsi son aval au massacre de milliers de ses sujets.

Sur le chemin qui le conduit au supplice, comme la foule semble compatir à son sort, l'humaniste Étienne Dolet compose un dernier pentamètre : *Non dolet ipse Dolet, sed pia turba dolet.* « Ce n'est pas Dolet qui s'afflige, mais la foule généreuse. » Le 3 août 1546, cet humaniste de trente-sept ans est étranglé et brûlé avec ses livres place Maubert. Son crime ? Avoir édité des auteurs interdits, et professé des opinions suspectes aux yeux de la faculté de théologie... Il est condamné pour « blasphème, sédition et exposition de livres prohibés ». Place Maubert, les exécutions d'hérétiques sont fréquentes...

Portrait d'Henri II d'Albret et de Marguerite de Valois. Aucun des deux époux n'a désiré ce mariage : Henri a une réputation de rustre et Marguerite, qui vit à la cour, passe pour une débauchée. Mais par cette union de convenance, leurs mères espèrent ramener une paix durable dans le royaume.

Dans ce contexte d'intolérance religieuse, lorsque Henri de Navarre convole en justes noces avec la sœur du roi Charles IX, le 18 août 1572, l'espoir est grand dans la France entière. L'objectif de cette union princière ?

Il s'agit de réconcilier le royaume autour du couple princier, de rassembler protestants et catholiques, et de mettre un terme aux conflits de religion qui déchirent le royaume depuis des années... Mais la venue des quatre mille gentilshommes de la suite en armes d'Henri de Navarre excite la hargne des Parisiens en majorité catholiques, aiguillonnés par les prêches haineux du clergé... Et c'est à Paris que se déclenche la plus sanglante des répressions contre la religion réformée.

« Voulez-vous prendre Marguerite de Valois pour épouse ? » Un mariage qui prélude à des milliers d'enterrements...

Le mois d'août est particulièrement chaud en cette année 1572, ce qui rend l'atmosphère explosive au moment du mariage princier. En outre, le peuple est mécontent, du fait des mauvaises récoltes. Le luxe déployé à l'occasion des noces royales ne lui plaît donc que médiocrement. Enfin, le mariage entraîne l'arrivée à Paris de nombreux gentilshommes protestants. Or, la capitale est farouchement hostile au parti huguenot...

La cérémonie, qui se tient à Notre-Dame, est grandiose, quoique singulière. Aucun des deux époux n'a sincèrement désiré cette union, mais tous deux ont été convaincus de sa

∨ Durant la cérémonie, les mariés regardent droit devant eux, sans jamais se tourner l'un vers l'autre. Lorsque le cardinal demande à Marguerite si elle souhaite prendre Henri pour époux, elle ne répond pas. Charles IX appuie de la main sur la tête de sa sœur, l'obligeant à un hochement de tête affirmatif.

nécessité politique. En présence d'une foule silencieuse, le cardinal de Bourbon leur fait échanger le consentement au mariage. Henri de Navarre pénètre ensuite avec sa femme à l'intérieur de la cathédrale. Le duc d'Anjou, frère du roi Charles IX, conduit sa sœur à l'autel. Ainsi qu'il en a été préalablement convenu, Henri de Navarre quitte alors les lieux, et passe le temps de la cérémonie à déambuler dans le transept, sans participer à la messe, cérémonie que les protestants réprouvent... Tel est le curieux compromis trouvé pour sauver les apparences tout en respectant la foi de chacun.

UNE BEAUTÉ SANS RIVALE

« En donnant ma sœur Margot à Henri de Navarre, je donne mon cœur à tous les protestants du royaume », affirme Charles IX.
Alors âgée de vingt ans à peine, Margot est la beauté sans rivale de cette cour pourtant prodigue en jolies femmes. « Elle a les cheveux noirs, le teint brillant, l'œil voluptueux et voilé de longs cils, la bouche vermeille et fine, le cou élégant, la taille riche et souple, et perdu dans une mule de satin, un pied d'enfant. » Voici ce qu'affirme Dumas à propos de son héroïne. Son roman paru en 1845 dote d'une séduction sensuelle et tragique celle qui ne régnera jamais, mais multiplie les conquêtes masculines, y compris parmi ses frères... Dans l'adaptation cinématographique de *La Reine Margot*, c'est sous les traits d'Isabelle Adjani que Patrice Chéreau donne à voir le charme trouble de cette souveraine des cœurs.

Embuscades et représailles…

˅ « La reine de Navarre fit signe qu'elle écoutait.
« Tu m'as promis de venir au bal, dit Charles.
– Moi ! s'écria Marguerite.
– Oui, et d'après ta promesse on t'attend ; de sorte que si tu ne venais pas on serait étonné de ne pas t'y voir.
– Excusez-moi, mon frère, dit Marguerite ; vous le voyez, je suis bien souffrante. »

Alexandre Dumas

Le samedi 27 décembre 1561, une rixe entre catholiques et membres de l'Église réformée enflamme la rue du Marché-des-Patriarches. L'origine de l'incident ? Une pieuse initiative du curé de Saint-Médard. Celui-ci fait carillonner les cloches de la paroisse afin d'empêcher les membres de l'Église réformée, réunis non loin de là, d'entendre le prêche de leur pasteur. Les protestants protestent. Les catholiques soutiennent leur curé. On en vient aux mains. Bilan de l'incident ? Plusieurs catholiques perdent la vie dans la bousculade qui s'ensuit. Les représailles ne se font pas attendre : le lendemain, le temple est incendié, plusieurs protestants sont pendus, et les catholiques confisquent leurs biens. La capitale supporte mal la présence de protestants qui constituent un vivant reproche à l'Église de Rome. Les heurts entre communautés sont fréquents.

DIVERTISSEMENT ROYAL : CHARLES IX, UN MONARQUE AU SENS DE L'HUMOUR DISCUTABLE

Il est entré dans l'Histoire pour avoir laissé se perpétrer le massacre des protestants, mais certains traits de son caractère le désignaient déjà comme un monarque surprenant. En 1570, il organise un bal au Louvre. Parmi ses invités figurent quelques voleurs habiles que le roi a fait sortir de prison pour l'occasion. Déguisés en gentilshommes, ceux-ci se mêlent à la foule des convives, et font usage, au cours de la soirée, de leurs talents de détrousseurs. Le prince de Condé se fait dérober une agrafe sertie de diamants, tandis que le duc de Nevers perd quelques bracelets.
À la fin de la soirée, Charles IX se fait remettre le butin prélevé sur les invités par ses larrons, butin estimé à quelque cent mille livres. De quoi arrondir les fins de mois d'un monarque en mal d'argent de poche !

Tensions au Louvre

∧ Bal costumé sous Charles IX : attention aux voleurs !

Quelques heures après la cérémonie, Henri de Navarre revient chercher son épouse. Les deux époux et la Cour se rendent alors au Louvre, où doivent avoir lieu les festivités de noce ; banquets, bals, jeux et spectacles divers sont prévus pour le soir même et les jours suivants. Mais au cours des trois jours de fête qui succèdent à la cérémonie nuptiale, les provocations se multiplient, exacerbant la hargne entre catholiques et partisans de la religion réformée. Un spectacle est donné où Henri de Navarre et les siens représentent des chevaliers tentant de forcer les portes du Paradis, et repoussés par trois cavaliers célestes qu'incarnent Charles IX et ses frères. Donnant insidieusement aux huguenots le rôle des « méchants » et érigeant les catholiques en défenseurs de la chrétienté, un tournoi qui se déroule dans la cour du Louvre jette de l'huile sur le feu des dissensions religieuses. Le roi, ses cadets, leur demi-frère le bâtard d'Angoulême et Henri de Guise y sont travestis en Amazones alors que Navarre et sa suite sont costumés à la turque, jouant ainsi le rôle des Infidèles...

Un attentat qui met le feu aux poudres

Paris vaut bien une messe.

Henri IV

Le 22 août vers 11 heures du matin, l'amiral de Coligny, chef de file du parti protestant et conseiller du roi, sur lequel il exerce une forte influence, quitte le Louvre. Il se rend à pied à son hôtel de la rue de Bethisy (l'actuelle rue de Rivoli), entouré d'une quinzaine de fidèles. Tout à coup, une balle tirée par une arquebuse le blesse à la main. Il est rapidement transporté chez lui par ses proches. La noblesse protestante gronde et réclame justice. Charles IX ordonne une enquête. Les investigations progressent rapidement. Elles démontrent que le tireur, un certain Nicolas de Louviers, nommé sire de Maurevert, appartient à l'entourage du duc de Guise, l'un des chefs du parti catholique... Henri d'Anjou, frère du roi, pourrait bien faire également partie des commanditaires de la tentative d'assassinat.
Le 23 août, dans l'après-midi, la reine mère et Henri d'Anjou se réunissent aux Tuileries avec quelques fidèles. L'entourage immédiat du roi redoute une réaction des protestants exaspérés. Une ligne de conduite est bientôt mise au point : les chefs de guerre protestants doivent être tués pour empêcher toute vengeance. L'accord du roi, indispensable pour avoir un soutien général et une couverture juridique, est sollicité. Le camp catholique multiplie les pressions sur le roi : les huguenots le pensent responsable, sa personne serait désormais menacée... Charles IX se trouve bientôt persuadé de la nécessité d'une action préventive... Dans la hâte, le roi accorde l'élimination de l'ensemble des chefs protestants. Seuls Henri de Navarre et Henri de Condé, princes de sang, doivent être épargnés en échange de leur conversion. Les autres seront exécutés.

24 août, 3 heures du matin, la Saint Barthélémy...

Peu de temps après cette décision, les autorités municipales de Paris sont convoquées. Ordre leur est donné de fermer les portes de la ville et d'armer les bourgeois. Le 24 août, fête de la Saint-Barthélemy, à 3 heures du matin, les cloches de l'église de Saint-Germain-l'Auxerrois, sise en face du Louvre, sonnent le tocsin. C'est le signal convenu, celui qu'attendent les hommes de main. Le massacre commence. L'amiral de Coligny est tiré de son lit par une troupe que mène le duc de Guise, achevé et défenestré. Son corps est livré à la vindicte populaire.

Dans le même temps, le Louvre lui-même se transforme en théâtre d'une tuerie impitoyable. Dans les couloirs du palais royal, dans les appartements, on élimine la fine fleur du camp protestant : ainsi périssent des représentants de la plus haute noblesse française. La Rochefoucauld, Caumont, Lavardin, Pardaillan, Soubise... trouvent une mort ignominieuse dans le palais de leur roi. Certains arrivent à s'enfuir, poursuivis

∨ Saint-Barthélemy (24 août 1572). Hommes, femmes, enfants, personne n'est épargné. Le massacre fait près de trente mille victimes en quelques jours.

par les hommes des Guise. Mais les cadavres de deux cents nobles huguenots venus assister aux noces princières sont bientôt rassemblés dans la cour du Louvre.

Traqués jusque dans leur lit

^ Le 6 septembre, ayant appris le massacre, le pape Grégoire XIII fait chanter un *Te Deum* (hymne d'action de grâces) dans sa chapelle.

Les gardes et les miliciens, qui arborent une croix blanche sur leur pourpoint et une écharpe blanche, poursuivent le massacre dans le quartier de Saint-Germain-l'Auxerrois. Mais la tuerie dégénère rapidement. Quand la population parisienne descend dans la rue, réveillée par le tocsin, c'est aussitôt la curée. En 1560, selon les estimations, les calvinistes représentent trois des vingt millions de Français. À Paris, quoique minoritaires, ils constituent une part importante de la population savante.
Dans la capitale, chacun s'en prend aux hérétiques, sans plus se limiter aux chefs. Aucun statut ne protège plus les protestants : les membres du Parlement sont égorgés. Dans le Quartier latin, professeurs, écoliers, libraires, imprimeurs sont massacrés. Les hommes, les femmes et même les enfants sont traqués jusque dans leur lit et mis à mort des pires façons. L'on en profite pour piller les biens des victimes. À la mi-journée, le roi ordonne d'en rester là. Mais ses sonneurs de trompe ont le plus grand mal à faire respecter ses ordres. Cette razzia des possessions huguenotes aurait rapporté un million et demi d'écus d'or selon le médecin de la reine, deux millions selon l'ambassadeur de Venise.

Paris fait école

Les massacres se généralisent rapidement dans le royaume. Bientôt, les villes de province déclenchent leur propre hécatombe. Le 25 août, la tuerie démarre à Orléans et Meaux ; le 26, elle se propage à La Charité-sur-Loire ; les 28 et 29, à Angers et Saumur ; le 31 août, à Lyon ; le 11 septembre, à Bourges ; le 3 octobre, à Bordeaux, etc. Au total, le nombre de morts est estimé à deux mille à Paris, et de cinq à dix mille dans toute la France. Des milliers de protestants s'enfuient vers la Hollande, l'Angleterre ou la Suisse. Le massacre parisien de la Saint-Barthélemy a initié dans le royaume une quatrième guerre de religion.

⋎Le cimetière des Innocents. Saturé et insalubre, il fut supprimé à la fin du XVIIIe siècle.

Le futur roi en liberté surveillée, des années durant

Prisonnier au Louvre, Henri de Navarre se convertit sous la menace au catholicisme. « Choisis : la mort, ou la messe », lui

LE « MIRACLE DE L'AUBÉPINE » INTERPRÉTÉ COMME UN ENCOURAGEMENT DIVIN

Une rumeur enfle dans la capitale : une aubépine desséchée aurait refleuri au cimetière des Innocents. Ce fait ne semble important que parce qu'il apparaît comme un signe de Dieu encourageant les massacres. Le roi lui-même se rend au cimetière vénérer l'aubépine. À cette occasion, un gentilhomme de sa suite suspecté d'hérésie est massacré par la foule. « Ah, si c'était le dernier huguenot ! », lance le roi. La foule y voit un encouragement et la chasse aux hérétiques reprend aussitôt.

a-t-on proposé. Henri a choisi la messe. Il ne retrouve sa liberté et le droit de pratiquer sa religion que bien des années plus tard, lorsqu'il parvient à s'échapper pour se réfugier en Navarre.
Ce n'est qu'après l'assassinat d'Henri III, en 1589, qu'Henri de Navarre devient l'héritier légitime du trône de France. Mais la Sainte Ligue, l'union des puissances catholiques, entend bien empêcher l'arrivée d'un protestant au pouvoir... C'est par la force que le futur Henri IV conquiert son royaume et sa capitale. Les victoires de ses troupes sur celles de Mayenne à Arques (21 septembre 1589) puis à Ivry (14 mars 1590) légitiment ses prétentions au trône. Seule sa religion réformée reste un obstacle.

la clémence d'un roi envers sa bonne ville

Enfin, le 22 mars 1594, les troupes royales, avec la complicité du gouverneur de Paris, pénètrent dans la capitale, jusqu'alors aux mains des ligueurs, appuyés par des troupes espagnoles. Henri IV peut triomphalement faire son entrée dans celle qu'il appelle sa « bonne ville », entouré de ses

˅ Entrée à Paris de Henri IV dans Paris.

partisans. Fidèle à sa politique de clémence, il empêche toutes représailles contre la population parisienne, pourtant rebelle pendant des années, et négocie le départ des soldats étrangers, auquel il assiste en personne d'une fenêtre du Louvre. Le roi de France tient enfin sa capitale. Reste à pacifier l'ensemble du royaume…
Henri IV a une fois de plus recours à la conversion : le 25 juillet 1593, en la basilique de Saint-Denis, il abjure solennellement le protestantisme devant l'archevêque de Bourges, se convertissant une nouvelle fois au catholicisme. « Paris vaut bien une messe », aurait alors déclaré le monarque pragmatique. Henri IV se fait sacrer roi de France à Chartres, le 25 février 1594. Ce sacre marque le début d'un demi-siècle de paix pour la ville de Paris.

Durant son règne, Henri se réconcilie avec l'Église catholique, tout en accordant aux protestants la liberté de culte, la promulgation en 1594 de l'Édit de Nantes. Mais le fanatisme n'est pourtant pas éradiqué du cœur de ses sujets… Seize ans plus tard, le 14 mai 1610, rue de la Ferronnerie, un homme à la barbe rousse s'agrippe au carrosse du roi et sort un poignard de son pourpoint. Il frappe à deux reprises. On se précipite. Ce catholique fervent répondant au nom de Ravaillac est bientôt arrêté. Quant au roi Henri, il a cessé de vivre.

^ François Ravaillac est supplicié en place de Grève le 27 mai 1610.

Les supplices

Le 19 octobre 1559, le conseiller Anne du Bourg est pendu et brûlé en place de Grève pour hérésie (il est protestant). « Eteignez vos feux, dit-il à ses juges, renoncez à vos vices, convertissez-vous à Dieu.

Le 13 mars 1314, Jacques de Molay, grand maître de l'ordre des Templiers est brûlé vif à la pointe de l'île de la Cité, avec plusieurs de ses compagnons en maudissant le roi Philippe le Bel et le Pape.

Le Gibet de Montfaucon, de sinistre mémoire : Enguerrand de Marigny y est tué, le 30 avril 1315. Le gibet est sis au lieu de l'actuelle rue de la Grange-aux-Belles.

La guillotine, dans la cour de la prison de la Santé. Elle est utilisée pour la dernière fois le 10 septembre 1977. En 1981, la peine de mort est abolie en France.

Les Parisiens sous Louis XIV

Dans la nuit du 8 février 1651, la rumeur se répand dans Paris comme une traînée de poudre. Le roi s'est enfui ! Les Parisiens suspectent un tour de Mazarin, le ministre italien, favori de la régente Anne d'Autriche, et cordialement détesté. Les portes de la capitale sont mises sous bonne garde et le peuple se dirige en masse vers le Louvre. Le palais est bientôt envahi d'une foule bruyante, revendicatrice et potentiellement dangereuse. Le roi ! Ils veulent voir le roi ! On le leur montre : si Louis n'a pas quitté la capitale, c'est parce que les portes de la ville étaient fermées. Mazarin, pour sa part, a réussi à gagner Saint-Germain. Le peuple finit par se retirer. Louis a alors douze ans. Il n'oubliera jamais cet affront infligé par les Parisiens.

< Le 14 juillet 1701, Louis XIV et la Cour visitent l'église de l'hôtel royal des Invalides, nouvellement achevée.

⋀ Colbert présente les membres de l'Académie royale des sciences à Louis XIV.

Celui qu'on appellera plus tard le « Grand » et le « Roi-Soleil » commence par être un enfant sous tutelle, soumis à la régence de sa mère, à Mazarin, et contraint d'accéder aux désirs de son peuple. Par la suite, régnant en despote sur une noblesse asservie, il domine la France et l'Europe, cependant que son règne fait coexister la plus grande splendeur et la plus profonde injustice.

Des artistes invités à la Cour

Les vingt premières années du règne de Louis sont les plus brillantes. Après des années de troubles semant la misère dans le royaume, l'autorité royale a réussi à s'imposer, renforcée par l'opposition dont elle a triomphé. Aidé de Colbert, le souverain procède à une réorganisation administrative et financière du royaume, ainsi qu'au développement du commerce. Avec Louvois, il réforme l'armée et accumule les succès militaires. Mais surtout, le roi favorise l'extraordinaire épanouissement des arts et des sciences en attirant auprès de lui des auteurs de génie, qui assurent la grandeur et la renommée de sa cour. Nombre d'artistes reçoivent des pensions, sont invités à séjourner auprès du monarque... Certains, comme Molière, Racine ou Lully, entretiennent même des liens privilégiés avec le roi. En échange, leurs œuvres, composées à la gloire du souverain, vantent ses mérites et ceux de sa cour.

∨ En 1664, Molière est nommé responsable des divertissements de la Cour. En 1665, sa troupe devient troupe du roi.

L'intérêt que le roi porte à sa propre image et au prestige se traduit par un véritable mécénat culturel, dont l'ambition est de supplanter l'Italie comme centre de la civilisation en Europe. L'achat de la manufacture des Gobelins en1662, la création de l'Académie royale de peinture et de sculpture en1655, de l'Académie des inscriptions et belles-lettres en 1663, de l'Académie royale des sciences en1666, de l'Académie royale d'architecture en1671... Tout concourt à attirer les artistes, et à faire de Paris un pôle culturel et artistique d'exception.

UN INCONNU NOMMÉ MOLIÈRE

Le 26 octobre 1660, une troupe de comédiens inconnus se produit au Louvre. Devant un parterre brillant, parmi lequel on compte notamment le cardinal Mazarin et le ministre Colbert, les acteurs interprètent deux comédies écrites par le meneur de la troupe, un certain Jean-Baptiste Poquelin, qui se fait appeler Molière. *L'Étourdi*, et les *Précieuses ridicules* remportent un franc succès: le public s'esclaffe à maintes reprises, applaudit vigoureusement l'auteur et les artistes. À la fin de la représentation, le cardinal se penche vers le ministre, et lui murmure à l'oreille: « Il faudra continuer de marquer de l'estime à Molière, l'État peut tirer parti de son génie comique. »

« La police consiste à protéger la ville de ce qui peut causer des désordres »

Est-ce dû au souvenir cuisant des troubles passés ? Le souverain se préoccupe en priorité de faire régner l'ordre dans son royaume. L'édit que présente Colbert à Louis XIV en mars 1667 témoigne d'une profonde évolution en matière de sécurité publique. Pour la première fois, un ministre envisage une approche globale de la criminalité. La charge de lieutenant général de police qu'institue Colbert a pour objectif de créer un pouvoir autonome veillant à la bonne marche de la cité, quelque pression qu'il puisse subir. Nicolas de La Reynie est le premier titulaire de cette charge qu'il occupe de mars 1667 à janvier 1697. Si l'édit confère au lieutenant de police certaines missions (la lutte contre la délinquance, l'incendie, l'inondation ; la police économique, des mœurs, etc.), il lui

∨ A la Salpêtrière, on enferme pêle-mêle les mendiantes, filles de joie, folles, orphelines, libertines, protestantes, paralytiques,crétines, impies et criminelles.

^ La charge de lieutenant de police, créée en mars 1667, met la maréchaussée et le guet aux ordres de Nicolas de La Reynie, qui devient de ce fait le « premier flic de France ».

donne surtout la possibilité de rassembler sous son autorité les anciennes institutions. Les forces de l'armée, la maréchaussée d'Île-de-France, la garde de Paris (soit environ un millier de gardes des portes et murailles de Paris) se voient désormais placés sous les ordres de La Reynie... Le lieutenant général dispose enfin d'un important réseau d'indicateurs rémunérés : les « mouches » et les « moutons » (agents en liberté et en prison) informent la police des agissements criminels. Désormais, le lieutenant général de Paris est l'homme le mieux renseigné du royaume... Mais il a aussi pour fonction corollaire d'empêcher l'expression de la critique à l'égard du pouvoir royal. Tout auteur ou diffuseur de gazette est susceptible d'être arrêté et poursuivi, pour peu que le mécontentement s'exprime à l'égard du monarque. Les peines encourues varient en fonction de la gravité des propos tenus : passibles du fouet, du bannissement, des galères, les amateurs de libre expression risquent gros...

Rapidement, cette centralisation des forces de police produit des effets incontestables sur la criminalité de la capitale et se voit étendue à toutes les grandes villes du royaume.

Dans Paris, des zones de non-droit

La Reynie s'en prend d'abord à l'une des causes majeures d'insécurité dans la cité : l'existence, au sein de la capitale, de véritables zones contrôlées par les brigands et échappant à la juridiction royale. Le quartier que l'on appelle la Cour des Miracles, sis au cœur de l'actuel Sentier, est tel que la police n'ose alors pas y pénétrer. Ceint de murs, gardé par les bandits, il abrite le royaume des voleurs et des mendiants, et à part eux, nul n'ose s'y aventurer. Organisés, vivant selon leurs propres lois, parlant un argot connu d'eux seuls, les gueux appartiennent à diverses corporations : les Coquillards, munis de la coquille de saint Jacques, réclament l'aumône pour, disent-ils, poursuivre leur saint voyage. Les Sabouleux se roulent par terre comme s'ils étaient épileptiques, et crachent de l'écume au moyen d'un morceau de savon qu'ils ont dans la bouche. Les Piètres marchent avec des béquilles, comme s'ils étaient estropiés. Les Capons engagent les gens à jouer aux dés ou aux cartes avec un de leurs camarades à qui ils servent de comparse. Accompagnés de femmes et d'enfants, les Rifodés montrent aux honnêtes gens un certificat affirmant que leur maison et leurs biens ont été détruits, et qu'ils sont dignes d'aumônes... Les Drilles intimident ou volent les passants. À la Cour des Miracles, on apprend aux enfants à dérober des bourses, à contrefaire les ulcères, à mendier de manière convaincante. Millards, Malingreux et Mercandiers partagent leurs bénéfices avec les Cagoux, les Francs-Mitoux et les Orphelins...

∨ « Il était en effet dans cette redoutable Cour des Miracles, où jamais honnête homme n'avait pénétré à pareille heure; cercle magique où les officiers du Châtelet et les sergents de la prévôté qui s'y aventuraient disparaissaient en miettes ; cité des voleurs, hideuse verrue à la face de Paris. »

Victor Hugo

:SERIAL KILLEUSE : LES POISONS DE LA MARQUISE

Le 25 mars 1675, une certaine marquise de Brinvilliers, née Marie-Madeleine d'Aubray, fille d'un conseiller d'État, est arrêtée après une enquête de plusieurs années diligentée par La Reynie. Le scandale éclate alors au grand jour, et envahit la Cour. La marquise a été trahie par des documents détenus par son amant, l'officier Godin de Sainte-Croix. À la mort de celui-ci, la police s'empare des biens du jeune homme poursuivi pour dettes. Parmi ceux-ci, une cassette renfermant des documents. Ceux-ci prouvent à la fois sa liaison avec la marquise et la culpabilité des amants. Au moyen d'un poison efficace, ils ont assassiné le père et les deux frères de madame de Brinvilliers afin de s'emparer de l'héritage. Plusieurs fioles contenant une décoction à base d'arsenic sont également découvertes : une préparation qui devient célèbre sous le nom de « poudre de succession ».

À partir de l'arrestation de madame de Brinvilliers, la Cour est parcourue d'incessantes rumeurs. Chacun redoute désormais d'être empoisonné... L'affaire de la Brinvilliers a mis au grand jour les noirceurs de la noblesse. La marquise est décapitée puis brûlée en place de Grève le 16 juillet 1676, et ses cendres sont jetées au vent. « Elle est morte comme elle a vécu, c'est-à-dire résolument », constate, non sans une certaine admiration, madame de Sévigné.

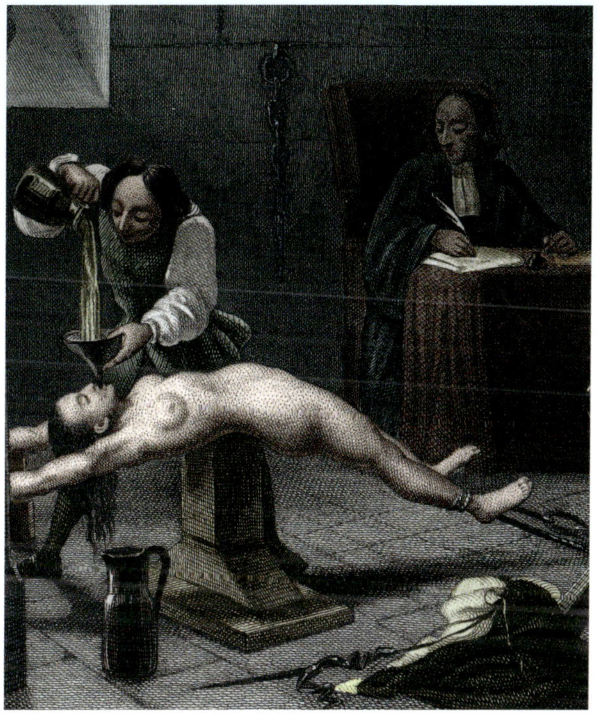

Selon la légende, un « miracle » guérit chaque soir les malades et les invalides dès qu'ils passent les portes de leur royaume... De là, le nom de l'endroit qui les rassemble.

Le miracle de La Reynie : les aveugles voient, les paralytiques marchent !

▲ « Elle entra dans le lieu où l'on devait lui donner la question, et voyant trois seaux d'eau : C'est assurément pour me noyer, dit-elle, car de la taille dont je suis, on ne prétend pas que je boive tout cela. »
Madame de Sévigné

C'est une intervention fougueuse de La Reynie qui anéantit définitivement le plus célèbre regroupement de bandits de Paris. Le lieutenant général de police pénètre un jour, à l'aube, dans le repaire du crime. S'adressant aux brigands, il leur déclare qu'ils sont trop nombreux pour qu'on puisse les punir tous. « Je vais vous laisser une chance », annonce-t-il. Il ordonne alors de faire ouvrir trois brèches dans la muraille qui

sert d'enceinte à la Cour des Miracles et promet qu'il laissera tout le monde libre de sortir. Seuls les douze derniers à sortir seront emprisonnés et punis. Il s'ensuit bien évidemment une terrible cohue. Aveugles, malades, vieillards et estropiés retrouvent soudain toutes leurs facultés pour s'enfuir plus rapidement. On raconte qu'en un quart d'heure la Cour des Miracles se trouve vide. Le lendemain, le nouveau lieutenant général de police fait raser toutes les maisons, élargir et assainir les rues. Le quartier est dès lors rendu à la circulation, au calme, et aux honnêtes gens...

^ « C'était un perclus, à la fois boiteux et manchot, et si manchot et si boiteux que le système compliqué de béquilles et de jambes de bois qui le soutenait lui donnait l'air d'un échafaudage de maçons en marche. »

Victor Hugo

Louis déserte la capitale

L'une des conséquences majeures du ressentiment de Louis à l'égard des Parisiens est visible dans le choix d'une nouvelle résidence royale : le souverain abandonne Paris. Les travaux de l'architecte Louis Le Vau et du jardinier André Le Nôtre pour transformer le pavillon de chasse de Louis XIII en résidence royale ont commencé en 1661. Ils se poursuivent pendant tout le règne de Louis et coûteront au total la bagatelle de quatre-vingt-deux millions de livres à l'État, au grand désespoir de son administrateur, Colbert. Mais dès le 10 février 1671, le roi, la Cour et le gouvernement quittent le Louvre pour s'installer au château de Versailles. Au cours des quarante-quatre années de son règne, le monarque ne reviendra que vingt-quatre fois dans sa capitale, et toujours de manière très brève, à l'occasion de cérémonies officielles... Les Parisiens ne jouiront pas de la présence de leur roi plus de quelques heures par an !

De l'or fin pour les Invalides

En dépit de ses réticences à l'égard du peuple de Paris, en dépit de son amour pour Versailles, prestige oblige, Louis investit dans sa capitale, qu'il marque d'une empreinte fastueuse. Le roi dépense près de 20 millions pour les édifices parisiens, au grand dam de Colbert, chargé de pourvoir aux dépenses. Le budget est en effet ruineux ! Dix millions de livres pour la réfection du Louvre et Les Tuileries ; trois millions et demie pour les manufactures des Gobelins et de la Savonnerie, deux millions pour la place Vendôme, deux millions trois cent mille pour les Invalides. Mais rien n'est trop beau pour célébrer la gloire du Roi-Soleil : l'édification de l'Observatoire (1667-1672), de l'arc de triomphe de la porte Saint-Martin (1672), la construction de la place des Victoires et de la place Louis-le-Grand (l'actuelle place Vendôme) s'inscrivent dans cette logique. En partie menés à bien par Colbert, détenteur de la charge stratégique de surintendant des Bâtiments, ces grands travaux doivent faire de Paris une capitale intellectuelle et artistique, célébrant dans son architecture même les triomphes et la grandeur du roi.

« Je trouve que la joie fait parler parisien. »
Madame de Sévigné

La chapelle royale de l'Hôtel des Invalides se signale à l'attention des Parisiens par sa coupole dorée, œuvre de l'architecte Hardouin-Mansart. Dédiée aux soldats blessés lors de ses campagnes, la chapelle de l'église Saint-Louis des Invalides est conçue de manière à permettre au monarque d'assister à la messe en faisant face à ses soldats ! Quant à la coupole des Invalides, elle domine la capitale de ses 104 mètres de haut. Pour la recouvrir, il ne faut pas moins de 12 kilos d'or fin !

∨ Vue aérienne des Invalides.

Paris capitale de la pauvreté

▲ Pour la seule année 1694, un million de Français meurent de faim, de froid ou de misère.

La volonté de domination de Louis sur l'Europe se traduit en effet par d'incessantes guerres menées à travers toute l'Europe, et, pour le peuple, par une fiscalité écrasante. Cet état de fait s'aggrave lorsqu'en 1692, les récoltes sont mauvaises. Dans tout le royaume, les spéculateurs stockent le blé et les autres céréales. En quelques semaines, le prix du pain se voit multiplié par cinq. Afin de prévenir des émeutes, on fait construire trente fours dans la cour du Louvre en 1693. Chaque jour, cent mille rations de pain y sont vendues pour deux sous la livre, autant dire à perte.
Mais cette distribution, qui débute le 20 octobre, suscite une telle frénésie que plusieurs personnes meurent étouffées. En outre, cette mesure se révèle gravement insuffisante. Au cours de l'hiver, chaque jour, des dizaines de misérables meurent dans la capitale. Certains à l'Hôtel-Dieu, d'autres chez eux, d'autres encore dans la rue, allongés à même le sol, dans un dénuement absolu.
En 1709, un nouveau désastre s'abat sur la capitale. L'été pluvieux a nui aux récoltes. À l'arrivée de l'hiver, une vague de froid s'abat sur la capitale. En une nuit, la température chute à - 20 degrés Celsius. La Seine gèle profondément. Pour de nombreux indigents, ce surcroît d'infortune est fatal. « Paris n'est plus qu'un théâtre d'horreur... Les pauvres nous assiègent de toute part, ils troublent le repos de la nuit par des cris et des sanglots qu'ils n'interrompent souvent le jour que pour expirer... », écrit un Parisien à un ami provincial. Les loups sont aux portes de Paris. Pour nourrir la population, il faudrait du blé. Pour acheter du blé, il faut de l'argent. Or les caisses de l'État sont vides... Louis XIV se résout à faire fondre sa vaisselle d'or.

Pour remédier au dénuement, on envoie les miséreux en prison !

Le nombre des nécessiteux est tel que des mesures énergiques sont prises à la fois pour leur venir en aide et pour les empêcher de se répandre en trop grand nombre dans la ville, constituant ainsi une foule incontrôlable. L'Hôpital général a été fondé en 1656. Il regroupe cinq vastes établissements hospitaliers... destinés à détenir les indigents. La Pitié accueille les enfants, la Salpêtrière reçoit les femmes, Bicêtre regroupe les vieillards indigents, les aliénés, les gens atteints de maladies vénériennes et même des prisonniers. Avec deux établissements moins vastes et moins célèbres, Scipion et la Savonnerie, les hospices peuvent renfermer jusqu'à douze mille personnes. Ceux qui y séjournent sont en effet à peu près incarcérés, et l'hôpital de l'époque s'apparente plus à une prison qu'à un établissement de soins. Une discipline de fer y règne, et les pensionnaires sont soumis à des travaux destinés à rembourser leur entretien… Malgré cela, la capitale se caractérise toujours par l'omniprésence de la mendicité : lorsqu'en 1697 un médecin anglais, nommé Lister, se rend à Paris, il ne peut que s'effarer de la misère à l'œuvre dans la ville : « En voiture, à pied, dans une boutique, vous ne pouvez venir à bout de rien grâce au nombre et à l'importunité des mendiants. C'est lamentable d'entendre le récit de leurs misères et, si vous donnez à l'un d'eux, immédiatement, tout l'essaim fondra sur vous… »

Après un règne incroyablement long et fastueux, Louis XIV meurt à Versailles le 1er septembre 1715, âgé de soixante-dix-sept ans. Dans ses *Mémoires*, le duc de Saint-Simon se voit obligé de le reconnaître : à la mort du souverain, la France perd un grand monarque, mais « le peuple ruiné, accablé, désespéré, rendit grâces à Dieu ».

« Elle repoussa la paille cinq ou six fois ; mais enfin le feu augmenta, et on l'a perdue de vue, et ses cendres sont en l'air présentement. Voilà la mort de Mme Voisin, célèbre par ses crimes et son impiété. »
Madame de Sévigné

SÉRIAL KILLEUSE 2 : L'AFFAIRE DES POISONS

L'affaire des poudres de succession ne s'arrête pas à la mort de la Brinvilliers. Derrière la marquise se profile une autre figure féminine d'importance, Catherine Deshayes, épouse Monvoisin et surnommée la Voisin. Spécialisée dans la sorcellerie et les préparations toxiques, elle a fourni de nombreuses personnes, parmi lesquelles de grandes figures de la Cour… Madame de Montespan, deux nièces de Mazarin, la comtesse de Soissons et la duchesse de Bouillon, le maréchal de Luxembourg, les comtesses de Polignac et de Gramont sont compromis. Le scandale qui éclabousse la Cour est immense. Il finit par atteindre le roi à travers sa favorite : madame de Montespan a eu recours à des pratiques de sorcellerie afin de conserver les sentiments du souverain à son égard, et de lutter contre sa jeune rivale, madame de Fontanges.

Dès lors, ordre est donné aux magistrats d'étouffer l'affaire. La Voisin est brûlée vive en place de Grève en 1680. Quant à la belle madame de Montespan, elle est peu à peu écartée de la Cour et des faveurs du roi.

De l'obscurité à la ville lumière

En 1318, les meurtres sont si fréquents aux abords du Châtelet que Philippe V le Long ordonne solennellement qu'une chandelle soit entretenue toute la nuit à la porte du palais. Avant de devenir célèbre pour ses illuminations, la capitale a longtemps eu à souffrir de la peur du noir… Obscurité et insécurité sont allées de pair des siècles durant dans les rues parisiennes, au grand dam des instances judiciaires comme des habitants.

∨ Le Nouvel éclairage des rues de Paris sous Louis XV : les parisiens furent satisfaits de voir la ville mieux éclairée qu'auparavant.

∨ L'éclairage des rues de Paris au XIXe siècle.

∨ Au début de la Seconde Guerre Mondiale, on installe des lampes bleues de sécurité dans les réverbères.

De la chandelle au réverbère

Pendant longtemps en effet, Paris a la réputation d'un coupe-gorge, et les honnêtes gens hésitent à sortir la nuit, de crainte d'un mauvais coup. De ce fait, en 1524 et 1558, des arrêts du Parlement enjoignent aux bourgeois d'entretenir à leurs frais un flambeau ardent à la fenêtre de leur demeure. Progressivement, au fil du temps, l'obscurité recule ; la lumière et la sécurité gagnent du terrain dans les rues de la capitale. En 1763, le lieutenant général de la police Sartine organise, par l'intermédiaire de l'Académie des sciences, un concours pour la conception de lanternes d'éclairage public. Un jeune chimiste du nom de Lavoisier remporte la médaille d'or pour son mémoire relatif à l'éclairage par réverbère à huile. Les progrès de l'éclairage public sont foudroyants. Alors que le vent éteignait ou faisait couler les chandelles, dont la lueur était faible et vacillante, les réverbères projettent une lumière égale, vive et durable.

Du réverbère au bec de gaz

En 1799, un ingénieur des Ponts et Chaussées dépose le premier brevet pour l'utilisation de l'hydrogène à des fins d'éclairage. Mais c'est seulement en 1829 qu'ont lieu les premiers essais d'éclairage public sur la place du Carrousel, la rue de Rivoli, la place Vendôme, et au Palais-Royal. Ces essais se révèlent concluants : dès lors, le remplacement des réverbères par des becs de gaz se fait peu à peu dans la capitale, et donne naissance à un personnage à l'allure poétique : l'allumeur de réverbères.

Des nuits plus belles encore que les jours

Expérimentée pour l'exposition universelle de 1855, l'électricité démontre bientôt ses mérites. C'est l'avenue de l'Opéra qui en bénéficie en premier. Peu à peu, celle-ci sera substituée au gaz, et son utilisation devient systématique à partir de 1914. Aujourd'hui, les sources lumineuses n'ont plus pour seul objectif de faciliter la circulation et la sécurité : elles mettent en valeur la beauté de la ville. Baignés de lumière, les ponts, les monuments, les églises, les statues, les fontaines se découpent sur le ciel sombre dans tout leur éclat, et confèrent aujourd'hui à Paris son titre mérité de Ville lumière.

N'AYANT PU ME CORROMPRE
ILS M'ONT ASSASSINÉ.

Le Paris de la Révolution

Treize sous et demi les quatre livres : à Paris, en cette année 1789, le prix du pain est à son niveau le plus élevé du siècle. Dans les premiers jours de juillet, une rumeur se répand dans la capitale. Un complot aristocratique vise à affamer le peuple ! C'est là la seule explication qui rende compte de la cherté de la vie, de la continuelle augmentation des prix, des nombreuses taxes dont le peuple est écrasé. En réalité, c'est une gestion désastreuse des finances publiques qui a amené le royaume au bord du gouffre... De là cette inflation dont souffrent tant les petites gens. Mais la rumeur enfle, se propage, terrifiante. Le pouvoir royal est désigné comme coupable de tous les maux dont le peuple se voit accablé.

< « Levez-vous donc, peuple souverain », s'exclame le député Marat – surnommé « l'Ami du peuple » – à la Convention en mai 1793. Une maladie inflammatoire l'empêche d'y siéger davantage. Le 13 juillet 1793, une jeune aristocrate se rend chez lui, et l'assassine d'un coup de couteau.

Le 12 juillet 1789, le bruit se précise : le roi Louis XVI préparerait une « Saint-Barthélemy des patriotes » ! Paris s'agite, s'affole. Dès lors, des orateurs improvisés incitent la foule à préparer sa défense, à prendre les armes... Or ce sont justement les armes qui font défaut à la population, face aux troupes royales entraînées et dotées de fusils. Les Parisiens vont tout faire pour s'en procurer. Voilà le peuple en marche vers la liberté.

Prison de luxe pour hôtes de marque

Le matin du 14 juillet, c'est une foule de cinquante mille émeutiers qui se présente aux Invalides, où les armes de la garde sont entreposées. Les troupes en faction, pourtant prêtes au combat, n'interviennent pas, et laissent la foule s'emparer de trente-deux mille fusils et de douze canons. De là, le peuple armé se dirige vers la Bastille, où la rumeur prétend qu'une grande quantité de poudre a été entreposée.

Destinée à défendre la porte Saint-Antoine, la Bastille a été bâtie sous Charles V, de 1370 à 1383. Ce modèle de forteresse à quatre tours est courant à l'époque. D'autres tours ont été ajoutées ultérieurement. Elle occupe une place imposante, et ses dimensions forcent le respect : 66 mètres de long pour 34 de large et 24 mètres de hauteur au niveau des tours. Des fossés de 8 mètres de profondeur l'entourent. Très vite, elle cesse d'avoir la moindre utilité militaire et est utilisée à des fins civiles : transformée en prison d'État par le cardinal de Richelieu, elle a accueilli

∧ Le peuple s'empare des armes détenues aux Invalides avant de marcher sur la Bastille.
Ce même jour, Louis XVI est allé à la chasse, sans réussir à prendre de gibier. Aussi lit-on dans son journal intime : « Mardi 14 : Rien. »

notamment des prisonniers de marque. Parmi ceux-ci, Nicolas Fouquet, le malheureux surintendant des finances de Louis XIV, Latude, Bernard Palissy, le mystérieux Masque de fer, Voltaire et un débauché dont la famille a requis l'enfermement : le marquis Donatien de Sade, transféré à l'asile de Charenton trois jours avant le 14 juillet 1789...

Mille personnes tout au plus composent la bande d'émeutiers qui envahit le bâtiment pour y quérir des armes. Celui-ci n'est alors défendu que par une poignée d'hommes et quelques invalides. Le gouverneur de la forteresse, Bernard Jordan de Launay, perd la vie dans la bataille. Après l'invasion de la forteresse, sa tête est promenée au bout d'une pique par les révolutionnaires. François Alexandre de Liaucourt, grand maître de la garde-robe, se rend à Versailles le 14 juillet au soir. C'est lui qui annonce au roi la prise de la Bastille. Leur dialogue est entré dans l'Histoire : « C'est donc une révolte ? demande Louis XVI. – Non, Sire, répond Liaucourt, c'est une révolution. »

« Nous voulons du pain ! »

⋏ Après quatre heures de combat, Launay capitule. Le peuple libère les « victimes du despotisme » : deux fous, un débauché et quatre faussaires.

➤ l'encadré Un éléphant ça trompe énormément...
Ce projet de fontaine ne sera jamais réalisé.

Dans la nuit du 4 au 5 octobre 1789, des Parisiennes se rassemblent dans le quartier Saint-Antoine. On murmure et, bientôt, on hurle contre la reine. Il faut dire que depuis des semaines, la pénurie sévit dans la capitale, et que la rumeur alimente la colère des mères de famille. À Versailles, se donneraient des fêtes somptueuses ; celle qu'on appelle « l'Autrichienne » jetterait l'argent par les fenêtres, tandis que les enfants de Paris manquent de pain... En effet, malgré le décret relatif à la libre circulation des grains, le blé est stocké par les spéculateurs. Devant les boulangeries, les files d'attente s'allongent. Les Parisiennes, faute de pouvoir rencontrer le maire, se décident à marcher sur Versailles. Bientôt un cortège se met en route

avec un mot d'ordre : « Nous partons à Versailles chercher du pain ! » Persuadées que le régiment de Flandres n'osera rien contre des femmes, les Parisiennes se mettent en route. Parmi cette foule féminine se dissimulent des hommes déguisés.
Sur leur chemin elles pillent le magasin d'armes de l'Hôtel de

UN ÉLÉPHANT À LA BASTILLE !

Comme toute citadelle, la Bastille symbolise le pouvoir en place. Et c'est en tant qu'emblème du pouvoir royal que, dès les jours suivant son invasion, elle commence à être démantelée. À partir du 16 juillet 1789, un entrepreneur privé, Palloy, commence à vendre une partie des pierres en guise de souvenirs… La plus grande part des blocs de l'édifice sert ensuite à construire le pont de la Concorde.

Le 16 juin 1792, il est décidé que l'emplacement de la Bastille formera une place dite de la Liberté, et qu'une colonne y sera élevée. L'entrepreneur Palloy en fournit symboliquement la première pierre, arrachée à la forteresse, mais la construction en reste là, de longues années durant.

Dans ses projets de réaménagement de Paris, Napoléon envisage en 1808 d'y faire construire un monument en forme d'éléphant. Le mastodonte doit mesurer 24 mètres de haut, et être fondu avec le bronze des canons pris aux Espagnols. Un escalier installé dans une patte de l'animal pourrait permettre d'accéder au sommet… Une maquette en plâtre grandeur nature est d'ailleurs élevée sur la place. C'est dans cette œuvre préliminaire que le Gavroche des *Misérables* loge avec deux autres enfants abandonnés. Abandonné, le projet de l'éléphant ne tarde pas à l'être également. La maquette du pachyderme est abattue en 1846. Tout compte fait, pas de mastodonte place de la Bastille !

Louis-Philippe décide en 1831 de construire la colonne prévue en 1792. Elle est inaugurée en 1840. Le génie de la Liberté qui la surmonte tient dans une main la chaîne brisée du despotisme et dans l'autre le flambeau de la civilisation.

∧ Le comte de Luxembourg, capitaine de service, demande au roi ses ordres.
« – Quels ordres ? répond Louis. Contre des femmes ? Vous vous moquez ! »

Ville. Ce sont donc des femmes en armes, hors d'elles qui arrivent, après des heures de marche, au château de Versailles. Louis XVI, avec la bienveillance qu'il marque généralement à l'égard du peuple, refuse de faire tirer sur les émeutières. Il s'adresse à elles, promettant d'intervenir pour qu'il y ait du pain à Paris, et les calme momentanément. Mais à 6 heures du matin, le 6 octobre, une foule menaçante envahit les appartements de la reine. Celle-ci se réfugie chez le roi. « À Paris ! » réclament les Parisiennes, agressives et décidées à ne pas se contenter de serments.

La Fayette convainc le roi de quitter le palais de Versailles pour celui des Tuileries, afin de dissiper la méfiance des Parisiens. Le roi accepte, convaincu ce faisant de calmer la vindicte populaire, et de donner au peuple un gage de sa bonne foi. « Mes amis, j'irai à Paris avec ma femme et mes enfants. C'est à l'amour de mes bons et fidèles sujets que je confie ce que j'ai de plus précieux. » Quelques heures plus tard, la famille royale quitte Versailles. « Nous ramenons à Paris le boulanger, la boulangère et le petit mitron, annoncent des femmes aux spectateurs. Ils nous donneront du pain ou ils verront ! »

Le Paris des révolutionnaires : la presse et les clubs

Tandis que le calme se rétablit provisoirement dans les rues de la capitale, le peuple reste cependant soucieux de conserver les acquis de la première mobilisation de 1789 : l'abolition des droits seigneuriaux, la Déclaration des droits de l'homme et du citoyen... Les Parisiens se découvrent une passion pour les affaires politiques. Entre 1789 et 1792, environ cinq cents journaux, représentant toutes les tendances politiques, voient le jour dans la capitale. De *l'Ami du roi* au *Courrier de Paris*, de *l'Ami du Peuple* de Marat au *Patriote français*, les monarchistes et les révolutionnaires s'affrontent par voie de presse, entretenant dans Paris une atmosphère de polémique politique. De même, des clubs apparaissent, où l'on débat avec enthousiasme des affaires du royaume. Le plus célèbre est le club des Jacobins, dont Robespierre devient président le 31 mars 1790, mais on en compte des dizaines dans la capitale, dont

˅ Sous l'Ancien Régime, les nobles périssent par l'épée, les roturiers au gibet. « Tout condamné à mort aura la tête tranchée » : la guillotine devient un instrument d'égalité.

L'ŒUVRE D'UN PHILANTHROPE

Le 28 novembre 1789, le docteur Joseph Guillotin présente aux députés de l'Assemblée constituante une machine destinée à la décapitation des condamnés. Le dispositif comporte un tranchoir glissant entre deux montants en bois. Selon son auteur, il assure une mort immédiate et sans souffrance, à la différence des autres modes d'exécution comme la pendaison ou la décapitation à la hache. En outre, la machine présente l'avantage d'être un mode d'exécution égalitaire : « Les délits du même genre seront punis par le même genre de peine, quels que soient le rang et l'état du coupable », explique-t-il. En d'autres termes, le docteur Guillotin a conçu sa machine comme un progrès pour l'humanité...

Le 3 juin 1791, cette même Assemblée constituante édicte que « tout condamné à mort aura la tête tranchée ». Appelée « guillotine », au grand dam de son inventeur, la machine philanthropique fonctionne sans discontinuer pendant la Grande Terreur. C'est d'abord au beau milieu de la place Louis-XV, rebaptisée place de la Révolution (actuelle place de la Concorde), qu'a été érigée celle qu'on surnomme aussi « la veuve ». Entre 1793 et 1794, près de vingt mille condamnés montent sur l'échafaud. Le dispositif du docteur Guillotin reste en vigueur pendant plus de deux siècles. C'est en septembre 1977 que la guillotine est utilisée pour la dernière fois en France.

❯ La culotte et les bas de soie constituent l'habit de la noblesse. Le « sans-culotte » s'en démarque par le port du pantalon.

certains jouent un rôle déterminant au cours des années de la Révolution : le club des Cordeliers, la Société fraternelle des deux sexes, le Club helvétique... Dans les clubs se décident les actions révolutionnaires, se mettent au point les pétitions qui seront présentées aux assemblées et pourront donner naissance à des projets de lois. Première tentative de démocratie directe instituée dans les rues parisiennes, le club est l'instrument à travers lequel le peuple fait enfin entendre sa voix.

Un personnage-clé de la Révolution : le sans-culotte

C'est dans ce contexte qu'apparaît le personnage emblématique de la Révolution. On le reconnaît à sa tenue : portant le plus souvent un pantalon rayé de bleu, de blanc et de rouge, le sans-culotte est également vêtu de la blouse et du gilet ou de la veste appelée carmagnole. Chaussé de sabots qui marquent son appartenance au peuple travailleur, il se coiffe du bonnet phrygien, allusion aux révoltes antiques des esclaves. Le sans-culotte est le citoyen modeste, par opposition aux bourgeois et aristocrates, qui, eux, portent une culotte de soie, et auxquels il doit son surnom, à l'origine péjoratif. À Paris, le costume devient donc un manifeste politique : pour ou contre le régime monarchique, les convictions s'affichent à travers le vêtement.

Travailleur manuel, tapissier chez Réveillon ou typographe des Lumières, ouvrier du meuble ou artisan des Gobelins, le sans-culotte tire fierté de son métier. Dans les rues de la capitale, le renversement des valeurs traditionnelles se manifeste ainsi clairement. Les privilégiés que leur naissance ou leur fortune dispense du travail cessent d'être admirés pour devenir objets de dérision. À l'inverse, le travail commence à être conçu comme une dignité nouvelle. L'esprit égalitaire des Lumières a soufflé sur la société parisienne et, partant, s'apprête à balayer la France entière. Généralisé par les citoyens des clubs, le tutoiement démocratique devient obligatoire et s'impose comme un signe d'égalité, à l'inverse du vouvoiement de l'Ancien Régime.

Le roi est mort : « Vive la Nation ! Vive la République ! »

⋏ Déclaré coupable de « conspiration contre la liberté publique et la sûreté générale de l'État » par la Convention, Louis XVI est condamné à mort le 17 janvier 1793.

Le 21 janvier 1793, la place de la Révolution (l'actuelle place de la Concorde) est hérissée de baïonnettes. La terrasse des Tuileries est noire de monde. Louis Capet, ci-devant roi de France, avance les mains liées dans le dos. Sur l'échafaud, le roi lance à la foule : « Français, je meurs innocent ; je pardonne à mes ennemis ; je désire que ma mort soit... » Un roulement de tambour couvre ses dernières paroles. Louis a été accusé de haute trahison pour avoir joué double jeu face aux assemblées nées de la Révolution et tenté de s'enfuir à l'étranger en juin 1791. La condamnation à mort n'a été prononcée à la Convention qu'à une voix de majorité... Le courage du roi face à son destin n'empêche pas l'exécution de la sentence. Sitôt Louis XVI décapité, le bourreau montre sa tête à la foule. Celle-ci répond par un cri : « Vive la Nation ! Vive la République ! ».

Le 16 octobre 1793, la foule est à nouveau présente place de la Révolution. Au pied de la guillotine, le tombereau s'arrête.

Une femme vêtue de blanc en descend. Marie-Antoinette, veuve Capet, ci-devant reine de France, gravit le petit escalier de l'échafaud. Ayant malencontreusement marché sur le pied du bourreau, elle se tourne vers lui et lui dit avec douceur : « Pardonnez-moi, monsieur. » D'elle-même, elle se prête aux derniers préparatifs. À midi un quart le couperet tombe. Le peuple s'exclame encore : « Vive la République ! »

Cinquante exécutions par jour

N'oublie pas de montrer ma tête au peuple, elle en vaut la peine.

Danton, sur l'échafaud.

Un an plus tard, les Parisiens, qui dans l'ensemble ont applaudi aux premières exécutions d'aristocrates et de royalistes, sont excédés des violences sanguinaires. Dès lors, les exécutions se font à la sauvette, et non plus en grande pompe, notamment pour prévenir l'écœurement de la population et de possibles manifestations de pitié à l'égard des condamnés. La guillotine ne cesse pourtant pas de fonctionner, comme le constate le Parisien Nicolas Ruault : « Le Tribunal révolutionnaire envoie maintenant les condamnés à mort par six ou sept charrettes à la fois. On a changé la scène des massacres : c'est à la barrière du Trône qu'on les fait mourir par soixante ou quatre-vingts à présent ». Robespierre a été nommé président de la Convention le 16 prairial de l'an II (6 juin 1794) : son arrivée au pouvoir inaugure une période de répression sanglante. À Paris se déroulent jusqu'à cinquante exécutions par jour. Les corps sont inhumés discrètement dans des fosses communes près de Picpus. Simultanément à ces massacres, et peut-être pour les faire oublier, Paris se transforme, le temps de quelques heures, en théâtre de célébrations collectives grandioses et obligatoires... Robespierre a ordonné que l'on célèbre l'Être suprême. En raison de sa récente nomination à la présidence de la Convention, la cérémonie semble en réalité dédiée à son triomphe personnel.

Moment d'apothéose pour les partisans de la Terreur, cette cérémonie précède pourtant de peu leur fin.

Un mois plus tard, le 28 juillet 1794, les gendarmes de la Convention entrent dans l'Hôtel de Ville, et arrêtent tous ceux qui s'y trouvent. Le soir même, des charrettes emportent les condamnés vers l'échafaud. Robespierre figure parmi le « chargement ». Le Paris révolutionnaire s'est retourné contre ceux qui ont été ses maîtres.

ILS L'ONT DIT SUR L'ÉCHAFAUD :

Arrêtée pour entente avec l'ennemi, et aide aux aristocrates émigrés, la ci-devant comtesse Jeanne Du Barry, prostituée de luxe avant de devenir la maîtresse de Louis XV, monte sur l'échafaud le 8 décembre 1793. Eperdue de terreur à l'idée de mourir, elle ne cesse de sangloter et de supplier Samson, réclamant à plusieurs reprises : « Encore un moment, monsieur le bourreau... Encore un moment, je vous en prie ». Jusqu'à ce que Sanson la lie et fasse son office. Le condamné suivant est un député des Vosges : « Avez-vous bien essuyé le couteau ? demande-t-il au bourreau. « Il ne convient pas que le sang d'un républicain comme moi soit mêlé à celui d'une prostituée ! ».

Arrêté sous prétexte d'être un ennemi de la République, Danton est condamné à mort et guillotiné le 5 avril 1794 en compagnie de Camille Desmoulins. Ses derniers mots au bourreau donnent la dimension d'un homme hors du commun : « N'oublie pas de montrer ma tête au peuple, recommande-t-il, elle en vaut la peine ».

∧ Gérard Depardieu incarne *Danton* dans le film d'Andrzej Wajda

Les Parisiens sous Napoléon

Le 24 décembre 1800, à 20 heures, une charrette s'immobilise dans la rue Saint-Nicaise, un étroit boyau qui prolonge la rue Richelieu. Du côté des Tuileries, un grand bruit de voitures roulant sur le pavé se fait entendre. Les fenêtres s'ouvrent, des gens se penchent. « Le voilà ! » Le cortège de Bonaparte, alors premier consul, approche. Quatre grands carrosses passent à toute allure. L'escorte, composée de grenadiers à cheval, s'engage au grand trot dans l'étroite rue Saint-Nicaise, précédant la première voiture où l'on devine, derrière les vitres embuées, la silhouette de Bonaparte.

< Arrivé à midi à l'archevêché, Bonaparte y revêt les ornements impériaux. À une heure moins le quart, Napoléon et Joséphine se rendent à la cathédrale par la galerie de bois tendue de tapisseries qui conduit de l'archevêché à un portail en charpente établi dans le parvis et représentant celui de Saint-Pierre de Rome.

Quelques instants plus tard, une formidable explosion retentit, suivie d'une grêle de pierres, de vitres brisées, de tuiles, d'ardoises. Des barils remplis de poudre et de ferraille ont été dissimulés sous la paille de la charrette en attente. Les immeubles de la rue Saint-Nicaise sont dévastés par la déflagration. Bilan de l'attentat : quatre morts, et une dizaine de blessés graves.

À quelques secondes près, le premier consul échappe à l'attentat. Les coupables, des conspirateurs royalistes, sont arrêtés, jugés par le tribunal criminel de la Seine et guillotinés place de l'Hôtel-de-Ville le 21 avril 1802. Cet attentat, et ceux qui suivront, convainquent Bonaparte de la nécessité de transformer son consulat en consulat à vie, puis de proclamer l'Empire.

La fièvre monte avant le couronnement

Trois mois avant le sacre de l'empereur, tous les corps de métier sont mobilisés afin de préparer cet événement d'envergure. Maçons, terrassiers, charpentiers, menuisiers travaillent à paver la rue de Rivoli, la place du Carrousel et le quai Bonaparte, à transformer les abords de la cathédrale pour en faciliter l'accès. Certaines maisons qui risquent de gêner la circulation font l'objet d'une expropriation et d'une démolition

▲ Attentat de la rue Saint-Nicaise. Le chevalier de Limoëlan, le chouan Saint-Régent et un certain Carbon sont venus à Paris pour assassiner le premier consul. Sous la bâche recouvrant leur charrette, un baril rempli de poudre est caché. Il contient de quoi ébranler une forteresse.

éclair... Notre-Dame, choisie pour la cérémonie, fait l'objet de grandioses aménagements dus aux architectes et décorateurs Charles Percier et Pierre François Léonard Fontaine. En avant de la façade principale de l'église, et dans toute sa largeur, on a construit un grand porche en bois, de style gothique, entièrement peint et orné des statues des trente-six villes principales de France. Derrière la cathédrale, un vaste chapiteau est dressé, qui servira de vestibule au pape et au couple impérial.

L'intérieur de la cathédrale surtout fait l'objet de tous les soins : vingt-quatre lustres suspendus à la voûte éclairent la nef, le chœur, le sanctuaire, les gradins et les premiers rangs de loges. L'ensemble du sol de l'édifice est couvert de tapis de pied. À l'entrée de la grande nef, on a édifié le trône de l'empereur, placé sous un arc de triomphe soutenu par huit colonnes, auquel on monte par un escalier de vingt-quatre marches. Les deux côtés de la nef sont hérissés de gradins qui se prolongent jusqu'au chœur, seul espace réservé au clergé. Enfin, toute l'église est tendue d'étoffes de soie, de velours et de drap, garnies de franges, et ornées des armoiries de l'Empire brodées en or.

Un nouveau souffle pour l'industrie du luxe

> **Le Parisien est de sa nature ingrat et frondeur : le Parisien n'aime point. Croyez-vous que Louis XIV fut aimé ? Croyez-vous que votre Henri IV eut l'amour du peuple et qu'il fut pleuré quand on l'assassina ? Non.**
>
> ***Bonaparte***

Mais le sacre mobilise également tous les artisans de la confection : pour préparer les habits impériaux, ainsi que ceux de tous les grands qui assisteront aux cérémonies, on accable de commandes les tailleurs, les fourreurs, les couturières, les brodeuses, les chausseurs, les cordonniers et les modistes de Paris. De ce fait, l'industrie du luxe, qui avait pâti de la Révolution et de l'exil de la noblesse, connaît un nouvel essor dans la capitale.
Certains artisans parisiens entrent à cette occasion dans l'histoire : le tailleur Jean-Baptiste Isabey a été chargé du costume de l'empereur. Le manteau du souverain, que Napoléon revêtira seulement une fois arrivé à Notre-Dame, est long de 22 mètres et pèse 40 kilos. Le couturier privilégié de Joséphine, Leroy, se charge des deux robes que doit porter la future impératrice, l'une de tulle d'or, l'autre de satin blanc brodé d'abeilles d'or, ainsi que de son manteau de velours pourpre semé d'abeilles d'or, doublé d'hermine, et orné de broderies. Le maître orfèvre Biennais se voit confier la délicate responsabilité des diadèmes impériaux.

Pénurie de logement dans les jours qui précèdent le sacre

Les cérémonies attirent en masse les visiteurs dans la capitale. Douze mille fonctionnaires de l'Empire ont été invités, ainsi que sept mille militaires. Certains d'entre eux ont également reçu des billets pour les tribunes installées à l'intérieur ou sur le parvis de la cathédrale. Par ailleurs, l'afflux des voyageurs, provinciaux et étrangers est tel que Paris est entièrement saturé. Non seulement, on ne trouve plus de logement susceptible d'être loué, mais les fenêtres des appartements elles-mêmes font l'objet d'un important négoce. Les lieux ayant vue sur Notre-Dame, ou donnant sur le lieu de passage du cortège impérial sont loués à ceux qui veulent assister au

PAR CE MOYEN, LES RUES SE TROUVERONT LAVÉES...

« J'ai l'intention de faire de Paris la plus belle capitale du monde, déclare le premier consul à son ministre de l'Intérieur Chaptal. Quelles seraient vos idées à ce sujet ? » La réponse du ministre ne se fait pas attendre : « Donnez-lui de l'eau », dit-il sans hésitation. À cette époque en effet, l'eau n'est toujours pas accessible à tous. Elle se vend en seau, à un prix non négligeable : un sou pour 15 litres. En outre, le service d'alimentation en eau de la capitale reste incertain : les rares fontaines sont souvent à sec. Il est donc souvent nécessaire que les Parisiens aillent eux-mêmes puiser l'eau directement dans la Seine...

Pour remédier à cet état de fait, dès 1802, Napoléon fait construire le canal de l'Ourcq, long de 60 kilomètres. Ce canal amène à Paris de l'eau de rivière, et alimente les cascades des Tuileries ainsi que les immenses pièces d'eau des Champs-Élysées.

Par la suite, Napoléon autorise la construction de quinze nouvelles fontaines. Mais le débit est encore trop faible. Il faut donc améliorer le système : en 1811, le canal alimente finalement le château d'eau inauguré le 11 août de la même année. Avec ces innovations, les cinquante-six fontaines déjà existantes de la capitale sont continuellement approvisionnées en eau. On construit aussi l'énorme fontaine de la Bastille. Cette alimentation régulière n'a que des avantages : « Par ce moyen, écrit Napoléon, les marchés et les rues se trouveront lavés ».

▲ Le canal de l'Ourcq.

˅ **Se rendant à Notre-Dame pour la cérémonie du sacre, le cortège impérial met plus d'une heure à traverser le Pont-Neuf.**

spectacle. La surenchère fait rage : *la Gazette de France* du 21 novembre 1804 rapporte que les fenêtres donnant sur la rue Saint-Honoré se louent à raison de trois à quatre louis chacune pour le jour du couronnement. Dans la même rue, l'offre de cinq cents francs pour un balcon donnant sur la voie a été rejetée. Le balcon n'était pourtant pas occupé ; mais le propriétaire a estimé qu'il pourrait en obtenir davantage...

Un pape pour couronner un empereur

La présence de Pie VII à Paris constitue à elle seule un événement majeur : la dernière fois qu'on y a vu un pape, c'était en 1311. Entre-temps, la ferveur révolutionnaire a mis à mal la

NAPOLÉON IMPRIME SA MARQUE SUR LA CAPITALE

Le Paris dans lequel Napoléon évolue a largement pâti de la tourmente révolutionnaire. Les églises ont été pillées, leur statuaire dévastée, les tombeaux mis à sac. Faute de moyens, la voirie et l'éclairage ont été laissés à l'abandon ; les bâtiments publics n'ont pas été entretenus.

Dès son arrivée au pouvoir, Bonaparte, aidé de son ministre de l'Intérieur Chaptal, s'efforce de remettre la capitale en état. Trois cimetières, Montmartre, le Père-Lachaise et Montparnasse, voient le jour ; de nouveaux ponts (Austerlitz, Saint-Louis et le Pont des Arts) facilitent le passage d'une rive à l'autre de la Seine. Le premier consul généralise aussi le système de numérotation des rues en pair et impair, système qui sera par la suite adopté dans toute l'Europe.

∧ Napoléon pose aussi les fondements des droits et devoirs de la nation envers ses morts : « Chaque citoyen a le droit d'être enterré quelle que soit sa race ou sa religion . » Désormais, les sépultures des protestants, juifs, musulmans et orthodoxes côtoient celles des catholiques.

religion en France. Le pape est donc accueilli avec circonspection. Il s'agit pour lui de réaffirmer le pouvoir d'une Église maltraitée, et les liens de la France avec la religion catholique. Arrivé à Paris le 28 novembre au soir, suivi de cent huit personnes, il prend ses quartiers dans le pavillon de Flore, aux Tuileries. Peu à peu, la ferveur des Parisiens se réveille. Chaque jour, ils sont un peu plus nombreux à venir le voir, et à réclamer sa bénédiction.

La veille du sacre se produit un coup de théâtre. Joséphine demande à être entendue par le pape en confession. Elle lui révèle alors qu'elle n'a pas été unie religieusement à Napoléon. Il n'y a eu entre eux qu'un mariage civil. C'est l'occasion pour Pie VII de manifester son pouvoir de manière éclatante : il refuse de couronner le couple impérial si une union religieuse n'est pas célébrée auparavant. Pris par le temps, Napoléon se voit contraint de céder. Le mariage a lieu en pleine nuit, à la sauvette, dans la chapelle des Tuileries. À l'exception du cardinal Fesh, oncle de l'empereur, personne n'assiste à cette cérémonie, pour le coup très privée !

Le jour J

Le 2 décembre 1804, le climat se conforme à la saison : il a neigé la veille et le temps est à la pluie. On constate même la formation de verglas sur la chaussée. Il va faire froid à Notre-Dame. Depuis l'aube, toutes les cloches de Paris carillonnent et réveillent les habitants pour qu'ils s'endimanchent.

Dès 6 heures, les plus hauts gradés de l'armée et de la garde nationale se réunissent place Dauphine pour se rendre à pied à Notre-Dame, où ils seront les premiers à prendre place. À 7 heures, c'est au tour des officiers de la Légion d'honneur,

« Affirmation du militarisme, négation du droit international, insulte permanente des vainqueurs aux vaincus » : telle est l'opinion de la Commune de Paris sur la colonne Vendôme, qui sera abattue en 1871.

LA TRACE DES GUERRES NAPOLÉONIENNES

En mars et juin 1800, deux décrets ordonnent la mise en place dans tous les chefs-lieux français d'une stèle dédiée « à la mémoire des braves du département ». À Paris, le premier consul opte pour l'érection, place Vendôme, d'une colonne similaire à celle élevée à Rome en l'honneur de Trajan. Initialement, elle doit être ornée de cent huit figures allégoriques de départements montées en spirale et surmontée de la statue de Charlemagne.

C'est en 1805, au lendemain d'Austerlitz, que le projet se modifie. Le directeur des Musées, Vivant Denon, suggère à l'empereur d'ériger une colonne commémorative de la campagne et dédiée à la Grande Armée avec le bronze des canons pris aux Autrichiens. Napoléon adopte cette idée, confirmée par un décret du 1er janvier 1806.

Mille deux cents canons pris aux Russes et aux Autrichiens sont fondues afin d'écrire en bronze l'histoire napoléonienne. Un bas-relief de 830 pieds représente les opérations de la campagne de 1805. « La ville de Paris a son grand mât tout de bronze, écrit Balzac, sculpté de Victoires, et pour vigie Napoléon. »

CRÊPAGE DE CHIGNONS

En prévision de la cérémonie, les coiffeurs les plus réputés de la capitale ont donné des rendez-vous à leurs clientes dès 2 heures du matin. Après que leur chignon ait été édifié et leur chevelure lissée, les élégantes attendent assises sur une chaise, afin de ne pas déranger leur coiffure, le début des festivités, prévu pour les environs de midi...

> « Il est impossible de rendre l'effet de cette réunion de tant de grandeurs. Après que Sa Sainteté eut intronisé l'empereur et dit les paroles : *Vivat imperator in aeternum*, les voûtes de l'église ont retenti des cris de *Vive l'empereur ! Vive l'impératrice !* »
> *Journal des Débats*

des plus hauts fonctionnaires de l'Etat, des élus locaux, des préfets et des présidents des conseils généraux, des principaux magistrats de l'ordre judiciaire et des tribunaux de commerce, des généraux, des membres de l'Institut, de la Société impériale d'agriculture, de se regrouper au Palais de justice pour former le deuxième cortège piétonnier. Enfin, à 8 heures, le Sénat ferme la marche, ainsi que le Conseil d'État, le Corps législatif (équivalent de la Chambre des députés) et la Cour de cassation. Tous ces messieurs arrivent à Notre-Dame sous bonne escorte chamarrée et investissent les gradins qui leur sont réservés dans l'église. Il ne leur reste qu'à attendre. À son tour, le pape gagne Notre-Dame vers 9 heures, acclamé tout au long du parcours par une foule en liesse et quelques

AU FEU, LES POMPIERS !

Pour recevoir ses quinze cents invités dans son hôtel situé rue du Mont-Blanc (aujourd'hui rue de la Chaussée-d'Antin), le prince de Schwartzenberg, ambassadeur d'Autriche, a fait construire dans le jardin une grande salle en planches, richement décorée de glaces, de fleurs, de peintures, de draperies, et d'un immense luminaire. Le bal bat son plein, et l'on danse avec ardeur, bien que la chaleur soit étouffante en cette soirée du 1er juillet 1810, où l'on célèbre l'union de l'empereur avec Marie-Louise, archiduchesse d'Autriche. La nouvelle impératrice, la reine de Naples, la reine de Westphalie, la princesse Borghèse, la princesse de Schwartzenberg et cent autres dames participent à la danse, lorsqu'une bougie met tout à coup le feu à une draperie. En quelques secondes, la flamme s'étend d'un bout à l'autre du plafond avec la rapidité de l'éclair. Une voûte de feu surplombe la salle. Napoléon, jugeant impossible d'éteindre les flammes, prend la main de l'impératrice et la conduit hors du jardin. Cependant, malgré le calme des invités, un encombrement de personnes se forme et bientôt les vêtements des dames prennent feu. La princesse de Schwartzenberg et la princesse de Layen, ne trouvant pas leurs filles dans le jardin, se précipitent sous les flammes pour les chercher dans le salon embrasé. La voûte s'écroule sur elles. La princesse de Schwartzenberg ne sera retrouvée dans les cendres de l'incendie qu'à ses diamants. Plusieurs invités meurent dans la nuit même ; d'autres longtemps après, des suites de leurs blessures. Au total, le sinistre fait une dizaine de morts et une centaine de blessés parmi la plus brillante société de l'Empire... Une ordonnance royale de 1716 avait nommé un directeur des pompes, chargé de l'entretien des pompes à eau dans la capitale, et de l'organisation des secours en cas d'incendie. Mais le sinistre de l'ambassade d'Autriche révèle l'insuffisance de ce dispositif. En conséquence, Napoléon choisit de professionnaliser la lutte contre le feu. Un décret établit l'existence d'un bataillon de sapeurs-pompiers. Ce seront des militaires en uniforme, qui auront pour devise : « Sauver, ou périr ».

^ Le décret du 28 septembre 1811 institue le corps militaire des sapeurs-pompiers de Paris.

badauds, parmi lesquels un certain Stendhal. Durant toute la matinée, des chaufferettes et des boissons chaudes sont distribuées par des valets discrètement postés dans les travées de la cathédrale... où il fait un froid glacial.

Un cortège imposant accompagne l'empereur

Le couple impérial quitte les Tuileries à 10 heures, salué par des coups de canon. Vingt-cinq voitures, attelées de cent cinquante-deux chevaux, sont escortées par six régiments. Cavaliers, carabiniers, cuirassiers, chasseurs et grenadiers à cheval ont le privilège d'encadrer le cortège.
Quatre-vingt mille hommes sont postés dans la capitale, afin de contenir la foule massée le long des rues que doit emprunter

l'empereur. Dans la rue Saint-Nicaise, la rue Saint-Honoré, la rue du Roule, les pavements ont été refaits, et les façades des immeubles sont décorées.
Le cortège traverse ensuite le Pont-Neuf, longe le quai des Orfèvres, passe par la rue Saint-Louis, celle du Marché-Neuf, et enfin celle du Parvis-Notre-Dame.
Lorsque Napoléon et Joséphine entrent dans la cathédrale, il est midi passé. Une clameur unanime les accueille. Une fois le couple parvenu au chœur, le pape entonne le *Veni Creator*. Suit la célébration proprement religieuse : cantiques, oraisons, bénédictions, couronnement... Napoléon prend des mains du pape la couronne qui lui est destinée, et la place lui-même sur sa tête. Il couronne ensuite Joséphine. Vers 15 heures, une salve d'artillerie annonce à la population la fin de la cérémonie.

Que la fête commence !

Le couple impérial regagne les Tuileries. La seconde partie de la cérémonie débute. Devant tous, Napoléon s'engage à maintenir l'intégralité du territoire, à faire respecter l'égalité des droits, la liberté politique, civile et religieuse, à garantir l'irrévocabilité de la vente des biens nationaux (un droit fondamental pour la nouvelle élite bourgeoise) et à ne pas lever d'impôts non prévus par la loi. Un serment qui reprend des promesses traditionnelles des anciens rois, mais protège les acquis de la Révolution. Pendant ce temps, Paris se découvre une effervescence festive.
Soixante-quinze mille petites médailles en argent sont distribuées à la population, représentant d'un côté le visage de Napoléon portant la couronne de lauriers, de l'autre un guerrier portant sur son bouclier les insignes impériaux. Nombre de réjouissances gratuites font la joie des Parisiens, notamment un concert donné devant les Tuileries, suivi d'un lâcher de ballons. À 10 heures du soir, un feu d'artifice est tiré du pont de la Concorde. Sur la place, un grand bal est offert à la liesse populaire.

˅ Aux quatre coins de la place de la Concorde, de grandes salles de danse, à l'architecture antique, ont été édifiées.

Le faubourg Saint-Antoine

Fondée au XIIe siècle, l'abbaye de Saint-Antoine-des-Champs est un riche couvent de femmes. Implantée à l'emplacement de l'actuel hôpital Saint-Antoine, elle bénéficie à partir du xve siècle d'un privilège royal exceptionnel : Louis XI affranchit les artisans travaillant sur ce territoire de la tutelle de leur corporation. C'est pour eux la possibilité d'échapper à une réglementation tatillonne, et de développer librement de nouvelles techniques.

De là l'implantation massive d'artisans dans ce secteur, qui devient un haut lieu du travail du bois, grâce aux nombreuses commandes de meubles de la part de l'abbaye et de la Cour. Ébénistes, menuisiers, doreurs sur bois ou sur métal, marqueteurs, tapissiers, bronziers, vernisseurs, marbriers… tout un savoir-faire précieux se dispense dans ces arrière-boutiques.

˅ Elève ébéniste de l'école Boulle à la fin des années 1930

˅ La fabrique de meubles Auguste Obert vers 1910

Un génie de l'artisanat d'art

Après avoir ouvert une boutique rue de Reims, André-Charles Boulle se voit bientôt attribuer par Louis XIV deux logements aux galeries du Louvre. En effet, son travail est si singulier que cet artisan de génie marque son siècle, et les suivants. En utilisant des bois de couleur, des incrustations de cuivre, d'étain, d'écaille, de corne, d'ivoire, en composant des motifs d'écaille sur champ de cuivre ou inversement, il crée un style entièrement nouveau, dont le raffinement séduit les grands. Par la suite, une école d'art placée sous son patronage, et appelée à une renommée considérable, ouvre ses portes en 1886, rue Pierre-Bourdan, près de la place de la Nation.

Un peu de confort dans un monde de brutes

En 1867, Napoléon III inaugure le canal de Suez, ce qui promet d'être long et fatigant. Pour le confort des grands de ce monde qui acceptent d'assister à la cérémonie, l'empereur commande des tentes garnies de moelleux sofas, dans lesquelles, par privilège impérial, les têtes couronnées peuvent prendre un peu de repos. Dessinés, fabriqués, tissés et brodés par les artisans du faubourg Saint-Antoine, les tentes, les fauteuils, les canapés composent un pur chef-d'œuvre d'esthétique et de confort. Napoléon III est complimenté dans toutes les langues diplomatiques de la terre.

« Des fissures par où coule la souveraineté populaire... »

Ce quartier populaire et industrieux est également l'un des plus prompts à la rébellion : à chaque révolte parisienne au cours du XIXe siècle, il se couvre de barricades dont les constructeurs mettent à profit ses multiples passages sinueux. « Le faubourg Saint-Antoine est un réservoir de peuple. L'ébranlement révolutionnaire y fait des fissures par où coule la souveraineté populaire... C'étaient les sauvages, oui ; mais les sauvages de la civilisation. Ils proclamaient avec furie le droit ; ils voulaient, fût-ce par le tremblement et l'épouvante, forcer le genre humain au paradis », relate Victor Hugo dans *Les Misérables*. En 1860, Haussmann divise le faubourg frondeur entre les 11e et 12e arrondissements afin de pouvoir mieux le contrôler.

Aujourd'hui, la rue du Faubourg-Saint-Antoine a conservé une bonne part de son architecture séculaire : de petits immeubles d'habitation édifiés sur la rue abritent des ateliers au fond des parcelles. L'artisanat de meubles reste important dans les passages et les arrière-cours. En 1994, la mairie de Paris choisit de protéger le quartier : un « plan de protection et de mise en valeur » est mis en place, afin de préserver l'authenticité du tissu urbain de ce quartier dont l'habitat et l'organisation, pourtant sans grande valeur, constituent néanmoins un patrimoine urbain à préserver.

Le Paris d'Haussmann

À la mi-carême de l'année 1832, les Parisiens se pavanent sur les boulevards. Il fait doux, chacun profite du beau temps pour faire admirer son costume de carnaval. On chante, on danse, on rit... Quand tout à coup, un arlequin enlève son domino. Sous le masque, son visage apparaît entièrement bleui. L'arlequin vacille, puis tombe à terre. Chacun s'éloigne, terrifié. Le choléra vient de faire son entrée dans Paris. Soucieuses de ne pas affoler la population, les autorités de la capitale minimisent d'abord la gravité de la situation. Contre toute évidence, *le Journal des débats* du 28 mars prétend même que la maladie n'est pas contagieuse, et ne touche que les pauvres vivant dans la saleté.

< De vastes perspectives s'ouvrant sur un monument à partir d'une longue avenue ; des immeubles, de la même hauteur, ayant des façades très similaires : l'idéal urbaniste selon Haussmann.

▼ « D'ailleurs, chez quels peuples le choléra morbus a-t-il fait des ravages ? Chez les Barbares. Mais soyez certains qu'il trouvera dans notre civilisation avancée un formidable obstacle. »
Le 3 novembre 1832, la *Gazette médicale* essaye encore de rassurer les Parisiens.

« Tous les hommes atteints de ce mal, que l'on ne croit pas contagieux, appartiennent à la classe du peuple. Ce sont des cordonniers, des ouvriers qui travaillent à la fabrication de couvertures de laine. Ils habitent les rues sales et étroites de la Cité et du quartier Notre-Dame. » La médecine de l'époque ignore le mode de diffusion de ce fléau, sans parler de savoir le soigner.

À Paris, après avoir causé quatre-vingt-dix décès en mars, le choléra fait douze mille victimes en avril. L'épidémie emporte au total plus de seize mille Parisiens en quelques semaines... Mais surtout, elle met en évidence le lien entre maladie et insalubrité. Un rapport médical analyse ainsi la situation : « Un assez grand nombre de maisons a compté cinq, six, sept décès et quelques-unes jusqu'à huit, neuf, dix et onze. Toutes sans exception sont situées dans les plus mauvais quartiers, tels ceux de la Cité, de l'Hôtel de Ville, ou dans les plus mauvaises rues des quartiers meilleurs. » À plusieurs reprises, notamment en 1849 et 1853, le choléra frappe Paris. Dès lors, la nécessité de moderniser la ville se fait sentir. Nommé préfet de la Seine par Napoléon III en 1853, le baron Haussmann se voit

UN MAUVAIS LIEU, OÙ LES PLANTES S'ÉTIOLENT ET PÉRISSENT...

« Paris, c'est un immense atelier de putréfaction, où la misère, la peste et les maladies travaillent de concert, où ne pénètrent guère l'air ni le soleil. Paris, c'est un mauvais lieu où les plantes s'étiolent et périssent, où, sur sept petits enfants, il en meurt quatre dans l'année », écrit Victor Considérant en 1845. En effet, les conditions d'hygiène y sont quasi inexistantes. Nombreuses sont les rues qui ont pour égout leur caniveau central. Les voies étroites, sinueuses, empêchent l'air et le soleil d'y pénétrer. L'île de la Cité, plus qu'aucun autre quartier de Paris, répond à cette sinistre réputation. Napoléon Ier souhaitait déjà sa destruction. « Ce n'est plus qu'une vaste ruine, tout au plus bonne à loger les rats de l'ancienne Lutèce. »

Comment s'étonner de trouver partout des lamentations sur les pestilences, les émanations puantes et les effluves nauséabonds ? Canalisations bouchées, cours où s'accumulent les eaux venant des latrines, mares d'eau « puantes et stagnantes », puits contaminés par les eaux usées, égouts de diamètre insuffisant et régulièrement bouchés, multitudes de flaques d'eau dégageant « des émanations délétères »... Le Paris de 1835 est bien loin de satisfaire aux normes de l'hygiène moderne ! C'est la raison pour laquelle l'un des premiers travaux auxquels s'attelle Haussmann, secondé par l'ingénieur Belgrand, est la construction d'un réseau souterrain et la mise en place du tout-à-l'égout.

∧ Belgrand innove : désormais, les eaux usées seront rejetées loin en aval de la ville.

confier cette tâche titanesque. Pendant dix-sept ans, sous son égide, d'immenses chantiers se mettent en place dans la capitale, au service d'un projet d'urbanisme destiné à transformer définitivement le visage de Paris.

« Du fer, rien que du fer, mon cher »

Afin de favoriser l'approvisionnement de la capitale, l'architecte Victor Baltard est nommé responsable des travaux d'agrandissement et d'aménagement des Halles. En 1853, un premier pavillon voit le jour. Ce bâtiment de pierre massive, avec de faibles ouvertures, subit un échec manifeste. Napoléon III en exige la démolition sur-le-champ, après l'avoir traité de « Fort de la halle ». En effet, l'empereur ne veut pas d'un bâtiment en dur : « Ce sont de vastes parapluies qu'il me faut, bien ventilés, rien de plus », et Haussmann, présent, conseille à Baltard : « Du fer, rien que du fer, mon cher. » Telle est l'origine de cette conception audacieuse qu'on a par la suite appelée « pavillons Baltard » : un mélange d'acier et de verre, lumineux et solide. Lorsque enfin les huit pavillons de Baltard sont achevés, Paris possède un des plus grands marchés de gros du monde, avec une structure parfaitement adaptée aux besoins de l'époque.

Le « ventre de Paris » fait la journée continue

De nouvelles artères, récemment percées dans le quartier, favorisent une liaison directe avec les gares, facilitent l'approvisionnement du marché, et favorisent donc la fraîcheur des marchandises. Entre les pavillons, de vastes galeries rectilignes permettent une circulation plus aisée. Dorénavant, le « ventre de Paris », selon la formule d'Émile Zola, peut

˅ « Aux gros légumes, aux fleurs et aux fruits, le vacarme allait grandissant. »
Émile Zola

DES FIGURES PARISIENNES HAUTES EN COULEUR

Vendeurs, livreurs, portefaix, contrôleurs... Tout un monde vit aux Halles. On y trouve ainsi le « bijoutier » (celui qui compose des assiettes avec des reliefs divers, légumes invendus, fruits abîmés, déchets de toutes sortes), le regrattier (revendeur itinérant qui réalise un bénéfice modeste), les compteurs-mireurs (des agents travaillant dans les caves, chargés de vérifier l'état sanitaire des œufs et du beurre), et bien entendu le fort des Halles, qui a conservé la sympathie populaire.

Sur le marché, le « fort » est facilement identifiable grâce à son vaste chapeau muni d'un disque de plomb qui lui permet de supporter de lourdes charges sur la tête. Il décharge la marchandise des carrioles pour l'apporter aux grossistes. Les « forts » sont affectés à l'une ou l'autre des différentes halles. On trouve des « forts » pour les volailles et gibiers, pour le beurre et les œufs, pour la viande... et pas question de s'attribuer le « fort » d'une autre halle! La corporation veille. Organisés, les « forts » ont d'ailleurs une hiérarchie: leurs chefs se reconnaissaient à la médaille en argent, tandis que les simples « forts » portent une médaille en cuivre. Le métier obéit en effet à des conditions strictes. Il faut notamment, au moment de l'embauche, être français, libéré des obligations militaires, avoir un casier judiciaire vierge et un niveau d'instruction équivalent au certificat d'études... Des critères physiques sont également exigibles: mesurer au minimum 1,67 mètre, et être capable de porter une charge de 200 kilos sur une distance de 60 mètres... N'est pas « fort » qui veut!

^ « Des forts enlevaient les caisses d'œufs, les paniers de fromages et de beurre, qu'ils portaient dans le pavillon de la criée, où des employés en casquette écrivaient sur des calepins, à la lueur du gaz. »
Émile Zola

fonctionner sans encombre presque sans arrêt, jour et nuit, afin de nourrir la capitale.

Là, les producteurs apportent leur marchandise de 21 heures à 23 heures. Déchargée nuitamment, elle est apportée dans les pavillons de vente aux enchères. La vente en gros, également appelée vente de la première main, et est réservée aux professionnels. Elle s'effectue avant 8 heures du matin, après quoi, le marché est nettoyé pour laisser la place à la vente au détail. Les premières ménagères se présentent. Leur défilé dure jusqu'à la fin de la journée... heure à laquelle de nouveaux transporteurs commencent à arriver. En corollaire de la vente, le quartier développe alors une intense activité de restauration, et attire une population profitant de l'ouverture tardive ou matinale des restaurants, à l'origine destinés aux travailleurs. Débits de boissons, casse-croûte, bistrots, restaurants... Une tradition de vie nocturne toujours en vigueur de nos jours.

Un projet ambitieux pour la capitale

Pour sa part, Haussmann a du pain sur la planche. Louis-Napoléon lui a fixé un programme gigantesque et polymorphe : assainir la ville ; faciliter la circulation, élever des monuments de prestige qui manifestent la prospérité du pays, rénover l'habitat, et entreprendre des travaux utilitaires qui adouciraient la condition du peuple... Le 1er janvier 1860, Haussmann annexe tous les villages situés à l'intérieur des fortifications construites par Louis-Philippe. Désormais, Belleville, Grenelle, Vaugirard, La Villette, Auteuil, les Batignolles, Montmartre, Charonne, Passy, font partie de la capitale, de même que Aubervilliers, Bagnolet, Pantin, Issy, Ivry, Saint-Mandé, Saint-Ouen, et Vanves... Voilà la capitale dotée de vingt arrondissements, et non plus seulement de douze. La ville pourvue de cet espace supplémentaire, Haussmann s'attaque alors à ses dysfonctionnements.

« Nous verrons ainsi, chaque année, de grandes artères s'ouvrir, les quartiers populeux s'assainir, les loyers tendre à l'abaisser par la multiplicité des constructions, la classe ouvrière s'enrichir par le travail, la misère diminuer par une meilleure organisation de la bienfaisance, et Paris répondre ainsi de plus en plus à sa haute destination » affirme le 5 avril 1858 l'empereur, confiant dans la métamorphose entreprise.

Haussmann conçoit un Paris rationnel à la beauté géométrique

Salubrité, fonctionnalisme, modernité... Tels sont les mots d'ordre du préfet de la Seine. En démolissant d'anciens

∧ Percement de l'avenue de l'Opéra.
« La civilisation se taille de larges avenues dans le noir dédale des ruelles, des carrefours, des impasses de la vieille ville ; elle abat les maisons comme le pionnier d'Amérique abat les arbres ; dans son genre, elle aussi défriche. »
Théophile Gautier

< En 1859, le baron Haussmann, préfet de la Seine, remet à Napoléon III le décret d'annexion des communes limitrophes agrandissant Paris aux vingt arrondissements que nous connaissons aujourd'hui.

quartiers, il réalise l'axe est-ouest avec la jonction de la rue de Rivoli et de la rue Saint-Antoine, et l'axe nord-sud par l'ouverture d'un boulevard du Centre, qui deviendra le boulevard de Sébastopol, continuant le boulevard de Strasbourg. La grande croisée de Paris voit le jour. Il est également l'instigateur d'un vaste système de circulation créé dans les quartiers de l'ouest de Paris, depuis l'avenue Foch et le boulevard Pereire jusqu'au carrefour de l'Opéra. Le préfet ouvre ainsi 160 kilomètres de voies nouvelles, et fait de la capitale une cité dans laquelle les déplacements sont commodes et rapides.
« Paris avait besoin de sécurité contre les perturbateurs du repos public ; de salubrité dans certains quartiers où l'air et le jour n'avaient jamais pénétré ; de facilité de circulation dans les rues encombrées par une population croissante et près des abords des grandes gares de chemins de fer ; de belles promenades qui manquaient à la première cité de l'empire », affirme le comte Siméon, rapporteur au Sénat du projet de loi sur les embellissements de Paris.

Des quartiers entiers sortent de terre selon un dispositif de rues en damier et de lignes régulières (le nouveau quartier Poissonnière et le quartier de l'Europe entre la rue du Rocher et la rue de Clichy, ou encore le quartier Saint-Georges au nord de la rue Saint-Lazare). Tout, jusqu'aux façades des immeubles, obéit au rythme strict de l'angle droit.

Les Parisiens au vert sans quitter la capitale

Désormais, Paris tout entier obéit à une esthétique de la rectitude. L'avenue haussmannienne est large et droite, à la pente aplanie ; elle aboutit à un monument dans sa perspective. Les amples trottoirs sont plantés d'arbres (seuls les boulevards et les quais offraient auparavant cet agrément). Des immeubles cossus la bordent, présentant une longue façade en pierre de taille, une porte cochère, des balcons et une décoration sculptée. De vastes carrefours, à l'intersection des avenues,

∨ Le nom d'Étoile est ancien et indique une convergence de routes : l'actuelle place de l'Étoile était au XVIIe siècle un carrefour de chasse.

UN BOULEVARD PLUTÔT QU'UN DUCHÉ

«À l'époque où l'empereur crée successivement plusieurs duchés, Haussmann apprend qu'il songe à lui conférer le titre de duc en récompense de ses services. N'ayant pas de fils, pas assez de fortune pour soutenir un très haut rang, Haussmann ne brigue pas ces honneurs. Mais cette distinction suscite bien des jalousies de hauts fonctionnaires.

«Vous, par exemple, dit-on à Haussmann, vous devriez être duc depuis longtemps. Duc! S'étonne Haussmann. Mais... ce ne serait pas assez. – Que voulez-vous donc être? Prince? – Non; mais il faudrait me faire aqueduc, et ce titre ne figure pas dans la nomenclature nobiliaire.»

La boutade parvient aux oreilles de l'empereur. De ce fait, Napoléon III renonce à son projet initial. Mais il fait au préfet de la Seine l'honneur de donner son nom au boulevard qui le porte encore aujourd'hui.

Respirer Paris, cela conserve l'âme.
Victot Hugo

constituent des lieux de convergence propre à devenir des centres commerciaux. Enfin le préfet de la Seine favorise la création d'espaces verts : non seulement les bois de Boulogne et de Vincennes mais aussi les Buttes-Chaumont, les parcs Monceau et Montsouris, sans oublier les squares... Dorénavant, les Parisiens pourront se mettre au vert sans quitter la capitale. La métamorphose de Paris s'accompagne aussi de réalisations de prestige. L'aménagement de la place de l'Étoile, avec ses avenues rayonnantes autour de l'arc de triomphe, est une réalisation majeure de Georges Eugène Haussmann. À elle seule, cette place incarne les ambitions du préfet urbaniste et visionnaire : prestige impérial, circulation, espace, symétrie...

Espace, luxe et symétrie : l'heure des œuvres majeures de la capitale

Le 14 janvier 1858, Napoléon III et l'impératrice échappent de justesse à un attentat alors qu'ils se rendent à l'opéra de la rue Le Peletier. Felice Orsini et quelques autres militants de l'indépendance italienne lancent trois bombes dans la foule. Le bilan est lourd : huit morts et cent cinquante blessés. Ce carnage est notamment dû à l'étroitesse des rues, et à leur encombrement aux abords de la salle de spectacles. Ceci décide l'empereur à lancer la construction d'un nouvel opéra dans un quartier entièrement rénové. L'avenue de l'Opéra est d'ailleurs conçue de manière à donner aux souverains un accès direct depuis leur résidence des Tuileries ; elle est

˅ Le hall central des nouveaux magasins du Printemps évoque un nouvel Eden : celui de la consommation.

suffisamment vaste pour éliminer tout risque d'encombrement qui pourrait favoriser une nouvelle tentative d'attentat.

La réalisation de l'édifice connaît bien des vicissitudes. Mais le bâtiment est finalement terminé le 30 décembre 1874, pour un coût final de trente-six millions de francs de l'époque. Luxueux et grandiose, l'opéra de Charles Garnier suscite l'admiration, même si certaines parties restent inachevées, notamment la galerie du fumoir, qui ne sera jamais aménagée. Le soir de l'inauguration, le 5 janvier 1875, le président Mac-Mahon assiste à la représentation en compagnie du roi et de la reine mère d'Espagne, du lord-maire de Londres et de deux mille personnalités de haut rang venues de toute l'Europe. Charles Garnier est également présent. Mais il a dû acheter son billet d'entrée : on ne l'a pas invité.

Les Parisiens à l'assaut des géants du luxe

Des milliers de mètres carrés de surface de vente, la lumière électrique illuminant les allées, des rayons qui regorgent de marchandises... La naissance des grands magasins suscite immédiatement l'engouement des Parisiens. Le Bon Marché, le Louvre, le Printemps, la Samaritaine, la Belle Jardinière et le Bazar de l'Hôtel de Ville ouvrent leurs portes entre 1852 et 1870. Les Parisiens découvrent les joies de la consommation moderne : l'entrée libre, les soldes, les échantillons, la vente par correspondance, la réclame... Toutes ces techniques de vente innovantes sont mises en œuvre à une vaste échelle par les grands magasins. La clientèle y découvre des allées aussi larges et spacieuses que les boulevards haussmanniens, tandis que son envie d'acheter se voit stimulée par les vitrines alléchantes et régulièrement renouvelées...
Le résultat de ces efforts commerciaux ne

se fait pas attendre : les chiffres d'affaires explosent. Les grands magasins du Louvre réalisent quinze millions de chiffre de ventes en 1865, quarante et un millions dix ans plus tard ; en 1877, les quelque mille huit cents employés du Bon Marché réalisent pour soixante-douze millions de ventes. Des chiffres qui en disent long sur la croissance exponentielle de ces magasins, croissance dont les Parisiens bénéficient immédiatement. En achetant en quantité, les grands magasins obtiennent de meilleurs prix, ce dont les clients profitent à leur tour... La société de consommation pourrait avoir vu le jour sur les grands boulevards.

BAGOUT PARISIEN : LA RÉPLIQUE PROVIDENTIELLE

C'est un jeune architecte de trente-cinq ans qui remporte le concours d'architecture destiné à choisir celui qui réalisera le nouvel opéra. À la surprise générale, le 30 mai 1861, cet inconnu nommé Charles Garnier est choisi par le jury au détriment de concurrents plus célèbres, plus installés, et pourvus de relations influentes... Mécontente que son candidat n'ait pas été choisi, et pensant sans doute embarrasser le jeune homme, l'impératrice lui fait observer aigrement que son projet de bâtiment n'appartient à aucun style répertorié. « Ce n'est ni le style antique, ni du Louis XVI, ni même du Louis XV. – C'est du Napoléon III, rétorque avec aplomb le lauréat. Et vous vous plaignez ! »

Des salariés revendicatifs

Journées de travail dépassant les douze heures, salaires médiocres, précarité... Le vendeur de grand magasin gagne environ deux cents francs par mois, soit à peine plus qu'un ouvrier bien payé. En outre, son poste est toujours soumis aux ventes : si le chiffre d'affaires flanche, le licenciement économique sans préavis n'est pas loin. Les conditions de travail de l'époque dans les grands magasins semblent aujourd'hui bien rigoureuses. Pourtant, dans ces entreprises, se développent aussi certains acquis sociaux : nombreux sont les établissements qui logent leurs salariés, les font bénéficier de cantines et parfois de caisses de retraites.

Les grands magasins voient aussi se développer la revendication des employés. En 1869, les vendeurs se mettent en grève à deux reprises et réclament la fermeture le dimanche et la limitation du temps de travail journalier à douze heures. Leur revendication aboutit en mai. Six mois plus tard, tandis que les fêtes risquent de remettre en question les avantages ainsi obtenus, un nouveau conflit éclate. Les patrons décident alors de se séparer des employés revendicatifs et les remplacent par un personnel jugé plus docile. Désormais, dans les grands magasins, le client n'aura plus affaire à des vendeurs, mais à des vendeuses !

Vivre ensemble ?

Quartiers chics et districts populaires, arrondissements huppés et zones prioritaires, HLM et hôtels particuliers : aujourd'hui, dans la capitale, l'habitat est réparti géographiquement et les différentes classes sociales se côtoient sans se rencontrer. Autrefois, habitant la même demeure, riches et pauvres se croisent dans l'escalier. Du Moyen Âge au XIXe siècle, à l'exception des nobles qui disposent de vastes et somptueux hôtels particuliers, et des ouvriers que l'on rassemble en cités à proximité des usines, toutes les classes sociales cohabitent.

< Aujourd'hui nombre d'immeubles sont vendus « à la découpe » c'est-à-dire par appartement, faisant ainsi monter les prix de l'immobilier.

< Les immeubles en brique de la ceinture de Paris, habitations bon marché construites entre 1910 et 1930

< Exemple de mixité de l'habitat urbain dans le 13e arrondissement

> Répartition des classes sociales dans un immeuble de la fin du XIXe siècle

Une répartition verticale de la population

Si le rez-de-chaussée est généralement occupé par les concierges, les étages chics sont les étages inférieurs. Vastes appartements occupant tout un palier, aisément accessibles par l'escalier, protégés du bruit de la rue par la hauteur, les premier et second étages sont les plus appréciés des bourgeois. Au-delà de ces plans, les appartements rétrécissent : artisans, fonctionnaires se partagent les troisième et quatrième étages. Tout en haut, quelques chambres sans cheminée sont réservées à la domesticité et aux indigents. Au XIXe siècle, plus on monte dans l'échelle sociale, plus on descend l'escalier.

Avis à toutes les jeunes filles qui veulent connaître Paris

« Madame X. propose une place de tout premier ordre, dans la capitale ». Signe extérieur de richesse, le personnel classe la famille qui l'emploie. Dès lors, même dans la petite bourgeoisie, chacun veut avoir sa servante : de là, le nombre de chambres de bonne aux derniers étages des immeubles parisiens.

Les régions sont donc vivement sollicitées. Il faut dire que la vie de servante à Paris, une fois dépassé le mirage de la capitale, n'a rien de particulièrement attrayant. Durée de travail ? Quinze à dix-huit heures par jour. La plupart des immeubles sont alors dépourvus d'eau courante et de tout-à-l'égout. Gagnant vingt-cinq francs par mois, nourrie, logée dans une chambre brûlante l'été et glaciale l'hiver, la domestique parisienne a tout juste de quoi vivre et se voit accablée de besogne. Allumer le fourneau et les feux, brosser les habits et nettoyer les chaussures, faire les chambres, monter le bois ou le charbon, ainsi que l'eau destinée aux cabinets de toilette, descendre les ordures, vider les pots de chambre, aller au marché, préparer les repas, servir à table, faire les cuivres, laver le linge et la vaisselle, repasser, ranger la salle à manger, nettoyer la cuisine... Ouf ! À 22 heures, la bonne peut enfin aller se reposer... Jusqu'à 6 heures du matin.

Le Paris insurgé de la Commune

Sedan : une défaite humiliante contraint Napoléon III à capituler. Les députés Jules Favre et Léon Gambetta font proclamer la république. Pendant ce temps, les Prussiens assiègent la capitale. « Nous avons le temps d'attendre qu'ils aient mangé leurs chiens et leurs beaux chats à longs poils », écrit le général Von Bismarck à son fils, à l'automne 1870. De fait, les troupes prussiennes, qui entourent Paris d'un cordon de cent cinquante mille hommes, disposent d'abondantes réserves. Bismarck n'entend donc pas donner l'assaut. Il compte sur les effets dévastateurs d'un siège.

< « Dans l'aube qui se levait on entendait le tocsin ; nous montions au pas de charge, sachant qu'au sommet il y avait une armée rangée en bataille. Nous pensions mourir pour la liberté. On était comme soulevés de terre. Nous morts, Paris se fût levé. Les foules à certaines heures sont l'avant-garde de l'océan humain. »

Louise Michel

La faim ne tarde pas à se faire sentir. Dès octobre, le fromage et le beurre font défaut dans la capitale. En novembre, sur les éventaires des marchands, la viande de cheval remplace le mouton et le bœuf, désormais introuvables. Les deux splendides trotteurs offerts par le tsar Alexandre II à Napoléon III sont débités en tranches et mangés comme de vulgaires chevaux de boucherie.

˅ Pour nourrir les habitants de Paris assiégé par les Prussiens, les soldats abattent les éléphants du Jardin des Plantes.

L'ALSACE-LORRAINE À PARIS

« Vous n'aurez pas l'Alsace et la Lorraine », ont chanté des milliers d'écoliers... Il faut pourtant bien se résigner en 1871. L'annexion de ces deux régions par l'Allemagne incite plusieurs milliers d'habitants à quitter leur terre natale. Jusqu'au 1er octobre, ils ont en effet la possibilité d'émigrer vers le territoire français. On estime à dix ou douze mille le nombre d'Alsaciens et de Lorrains qui s'exilent alors. Certaines partent comme colons en Algérie tandis que d'autres refont leur vie à Paris. Les célèbres brasseries qui ceinturent aujourd'hui la capitale sont autant de témoignages de cette expatriation : Lipp, Bofinger, Wepler, Zeyer... Autant d'exemples de l'arrivée de l'Alsace à Paris. Le restaurant où se réunit chaque année l'académie Goncourt a aussi été fondé, en 1880, par un Alsacien du nom de Charles Drouant.

∧ « Peut-être Paris ne vaut-il que par ses provinciaux ? » C'est ce que suggère François Mauriac.

À la fin de l'année, on trouve sur le marché, en vente tout à fait officielle, du moineau, du corbeau, du chat, du chien, du rat, et même, petit à petit, les animaux exotiques du Jardin des Plantes. Cette année-là, les Parisiens mangent du buffle, de l'antilope, du zébu, du casoar, de l'ours, du zèbre, de la girafe... Enfin, le 1er janvier 1871, c'est Castor et Pollux qui sont sacrifiés. Les deux éléphants, que tous les enfants de la capitale ont appris à aimer, sont mis à mort, débités et vendus à la portion. Pour le nouvel an, leur chair ferme et légèrement rosée sert à nourrir les affamés. Dans le même temps, la qualité du pain va en se dégradant continuellement dans la capitale : à la fin du siège, il ne comporte plus qu'une moitié de blé. Les cinquante pour cent restants se composent de riz, d'avoine, et aussi... de paille. Les résultats de la malnutrition ne se font pas attendre. Pendant le siège, les nourrissons meurent de faim, les vieillards de froid... Au total, soixante-quatre mille civils perdent la vie durant le siège, soit le triple de la mortalité habituelle.

Le Paris républicain se sent trahi par un gouvernement à tendance monarchiste

Le 28 janvier 1871, le gouvernement provisoire de Défense nationale, réuni à Bordeaux, est contraint de signer un armistice aux conditions très dures (perte de l'Alsace et de la Lorraine, réparation de cinq milliards de francs à verser aux Prussiens) et de préparer des élections générales. Une assemblée à majorité royaliste est élue le 8 février. À sa tête, Adolphe Thiers. Une restauration de la monarchie semble donc probable, malgré les appels à la démocratie lancés par certains républicains comme Gambetta.

Les Parisiens ayant voté massivement en faveur de la république, le gouvernement renonce à revenir dans la capitale. Il s'installe donc à Versailles, que les Prussiens ont évacué après la signature de l'armistice. Malgré le soulagement lié à la fin de la guerre, les Parisiens se sentent doublement trahis. Par la capitulation, jugée déshonorante, et par le gouvernement, qui se défie d'eux. La capitale, qui a majoritairement voté « rouge », refuse de se reconnaître dans cette Assemblée « blanche ». À Montmartre, le maire du 18e arrondissement, Georges Clemenceau, fait afficher une proclamation où l'on peut lire : « On vous a livrés sans merci. Toute résistance a été rendue impossible ».

Les canons de Montmartre mettent le feu aux poudres

Dans ce contexte tendu, un incident met le feu aux poudres. Thiers décide de récupérer deux cent vingt-sept canons financés par une souscription des Parisiens en vue de la défense de la capitale. Ces canons ont été disposés sur les buttes de Montmartre et de Belleville pour les mettre hors d'atteinte des Prussiens. Le samedi 18 mars, Thiers envoie quatre mille soldats avec ordre de les récupérer. La foule, assemblée alors pour empêcher le départ des canons, fraternise avec les soldats. Ceux-ci, au lieu de faire feu sur les Parisiens, comme le leur ordonnent certains gradés, se rallient au peuple. Les généraux Lecomte et Thomas sont fusillés rue des Rosiers par les émeutiers pour avoir donné l'ordre de tirer sur la foule. Paris garde ses canons. C'est le début de l'insurrection. Désormais, la capitale refuse les ordres émanant du gouvernement de Versailles.

∧ **Barricade des Communards sur la butte Montmartre.**

« Paris ne veut pas régner, mais il veut être libre », déclare le Comité central de la garde nationale, le 22 mars 1871.

Le peuple de Paris établit une république sociale

Adolphe Thiers ordonne à l'armée d'évacuer la capitale, évacuation achevée le soir même. Une trentaine de militants se constitue en Comité central de la garde nationale, dans la plus grande confusion, à l'Hôtel de Ville. C'est sous le nom de « Commune de 1871 » que ce conseil et ses membres passent à la postérité. Les bataillons de la garde nationale ayant refusé de rejoindre le gouvernement se groupent en fédérations (d'où le nom de « fédérés » que l'on donne aux insurgés). Le peuple de Paris s'émancipe face à une Assemblée qui a prétendu gouverner sans lui. Pendant neuf semaines, la capitale va vivre l'expérience d'une république sociale, en même temps qu'elle affronte un deuxième siège, mené cette fois non par les Prussiens mais par l'armée française.

Des barricades et des mesures révolutionnaires

Paris se protège derrière les fortifications massives (les « fortifs ») qui enserrent la capitale. La Commune met en place une dizaine de commissions (Guerre, Relations extérieures,...) pour tenter de gouverner la capitale, cependant que les quartiers et les arrondissements se gèrent comme ils peuvent. Tandis que, dans la rue, les barricades se multiplient en prévision de la réaction des Versaillais, nombre de mesures puissamment innovantes pour l'époque sont prises par les communards. On n'en finirait pas de citer ces mesures, le plus souvent restées à l'état d'ébauche. Certaines semblent marginales : ainsi, la destruction de la colonne Vendôme réclamé par le peintre Gustave Courbet, qui la dénonce comme un « monument de barbarie » et devra plus tard en financer la reconstruction pour 300 000 francs-or... D'autres ont une importance majeure en ce sens qu'elles ouvrent la voie aux progrès futurs de la démocratie, en France et dans le monde entier.

˅ La colonne Vendôme, « attentat perpétuel à l'un des trois grands principes de la République : la fraternité », est abattue le 16 mai 1871.

Bonds en avant pour la laïcité et la parité

> **Aujourd'hui, Paris est libre et s'appartient, et la province est en servage. Quand la France fédérée pourra comprendre Paris, l'Europe sera sauvée.**
>
> ***Gustave Courbet***

Le 2 avril, la Commune décrète la séparation de l'Église et de l'État. Désormais, l'enseignement sera laïc, et les institutrices gagneront autant que les instituteurs. Les réalisations effectives varient en fonction des initiatives des délégations d'arrondissement. Dans le 13e arrondissement est inaugurée une bibliothèque communale avec des lectures et des conférences populaires ; dans le 9e une école laïque est inaugurée le 19 mai, tandis que dans le 8e arrondissement sont ouvertes trois cantines scolaires pour enfants nécessiteux. La Commune décrète l'obligation scolaire à partir de cinq ans et jusqu'à douze ans ; les écoles principales sont pourvues en maîtres laïcs… Les filles aussi auront droit à l'instruction et à l'apprentissage d'une profession. Dans le 3e arrondissement, Eugène Pottier précise ainsi le but poursuivi : « Que chaque enfant, de l'un ou l'autre sexe, ayant parcouru le cercle de ses études primaires puisse sortir de l'école en possédant les éléments sérieux d'une ou deux professions manuelles : voilà notre but. »

LA CAPITALE FAVORISE LES PETITES GENS AU DÉTRIMENT DES « NANTIS »

Du fait des bouleversements de la capitale entraînés par les travaux d'Haussmann, les loyers ont connu une hausse considérable dans la capitale : augmentant de soixante à soixante-dix pour cent dans le centre de Paris, ils sont devenus le casse-tête des petites gens, qui peinent chaque mois à joindre les deux bouts et à payer le terme échu. Un garde national touche alors un franc cinquante par jour, s'il est seul, et deux francs soixante-dix s'il a charge de famille.

À la grande colère des propriétaires, la Commune décide, le 29 mars, d'annuler les trois derniers termes de loyer. Priorité aux travailleurs sur ceux qui s'enrichissent par le produit du capital : un principe qui inspirera bien des idéologues par la suite.

« Paris sera à nous, ou n'existera plus »

À partir du 2 avril, Paris est en état de siège, encerclé par l'armée régulière sous commandement versaillais, qui soumet la capitale à d'intenses bombardements. De ce fait, de nombreux incendies ravagent la capitale. Mais les communards brûlent eux-mêmes plusieurs bâtiments publics,

> « Sur une barricade, au milieu des pavés / Souillés d'un sang coupable et d'un sang pur lavés, / Un enfant de douze ans est pris avec des hommes. »
Victor Hugo

préférant détruire Paris plutôt que de le rendre. Louise Michel, une institutrice qui anime le Comité de vigilance des femmes de Montmartre, déclare le 17 mai au club de la Trinité : « Oui, je le jure, Paris sera à nous ou n'existera plus ! » Les Tuileries, l'Hôtel de Ville flambent entre le 23 et le 24 mai. L'arrestation de quelques femmes portant des arrosoirs remplis de pétrole donne naissance à une légende dans le camp versaillais. L'on ne parle plus que des dévergondées, des harpies et des mégères qui se battent comme des hommes et que l'on appelle des « pétroleuses ». Dans le camp versaillais, elles déchaînent la haine et suscitent un dégoût mêlé d'incompréhension : « Nous ne dirons rien de leurs femelles par respect pour toutes les femmes à qui elles ressemblent quand elles sont mortes », écrit Alexandre Dumas fils.

De fait, les femmes participent activement à la Commune : vivandières, cantinières, ambulancières, elles s'engagent pour un gouvernement qui donne enfin des droits à la citoyenne, et vont parfois jusqu'à combattre aux côtés des hommes sur les barricades. Ce sera le cas de Louise, l'infirmière de la barricade de la rue de la Fontaine-au-Roi, à qui Jean-Baptiste Clément dédie sa chanson *le Temps des Cerises*.

˅ Ce qu'il reste du faubourg Saint-Honoré et de la rue Royale après les combats de la « semaine sanglante ».

Les enfants soldats de la Commune

Depuis le début du siège, les gamins de Paris ont eux aussi fait l'expérience de la guerre. Au cours de l'hiver 1870-1871, des bandes d'enfants et d'adolescents se sont livrées à la chasse aux chiens et aux chats vendus aux boucheries ; d'autres ont fait de la contrebande de tabac et, lors des bombardements prussiens en janvier 1871, le commerce des éclats d'obus... Dérive guerrière et exaltation idéologique : certains en arrivent peu à peu à s'engager dans les rangs des fédérés. Au service des dépêches et au service d'édification des barricades, place du Carrousel, on recrute des gamins ; certains rejoignent directement les corps francs. Le Gavroche de Victor Hugo n'est pas seulement une invention littéraire : on peut sans doute estimer à deux ou trois mille les enfants et les adolescents enrôlés parmi les communards. Trois bataillons de la garde nationale sur les deux cent cinquante à trois cents unités constituées incorporent massivement des enfants : le bataillon des Pupilles est formé d'enfants de toutes origines, dont beaucoup d'orphelins, engagés volontaires et encadrés par des adultes. Les deux autres, le bataillon des Vengeurs de Flourens et celui des Turcos sont constitués avec de nombreux adolescents âgés de quinze à dix-sept ans.

LES ENGAGÉS DE BONNE VOLONTÉ DU 32e BATAILLON

Au 32e bataillon de Levallois-Perret, on enrôle des volontaires en prévision de l'assaut des Versaillais. Tout au long des mois d'avril et de mai, des hommes viennent rejoindre le bataillon. Les registres de conscription fournissent une idée du travail à accomplir pour faire d'eux des combattants efficaces... Le 4 mai, c'est un maçon, Pierre Colas, qui s'engage avec deux autres Levalloisiens. Le 7 mai, c'est au tour de Jean-Baptiste Panier et Charles Thomas, respectivement garçon maçon et journalier. Le 8 mai, c'est un menuisier de quatre-vingt-un ans, Alexandre Parmentier, qui rejoint le bataillon ; le 10 mai, un bonnetier nommé Victor Bablot signe sa feuille d'engagement.

Malgré les besoins pressants en hommes de bonne volonté, le 30 avril, le comité de recrutement a refoulé Léon Drouet. Motif? Trop jeune. Il a onze ans. Devant sa déception, la 6e compagnie demande unanimement au bataillon de lui accorder un uniforme complet de garde national : « Ce serait un acte d'humanité et de générosité, dont il saura gré plus tard à la cause que son bon cœur le portait à défendre et que sa faiblesse ne peut suffire à garder. » Demande accordée.

Ce sont donc ces troupes dotées d'un armement de fortune qui, après trois semaines d'entraînement, vont affronter l'armée régulière.

Une répression impitoyable s'abat sur Paris

Au printemps, la capitale se prépare à combattre, tout en multipliant les déclarations pacifistes à l'égard des troupes versaillaises. « Soldats de Versailles, le peuple de Paris ne croira jamais que vous puissiez diriger contre lui vos armes quand sa poitrine touchera les vôtres. Vos mains reculeraient devant un acte qui serait un véritable fratricide », proclame une affiche émanant du comité de salut public de la Commune de Paris. Cette fois, les fédérés tentent en vain de convaincre les soldats de déposer leurs armes et de pactiser avec le peuple. Les Versaillais entrent dans Paris le 21 mai. Loin de fraterniser avec les Parisiens, les troupes sont exaspérées par la résistance acharnée qu'elles rencontrent. Une guerre sans merci se livre dans les rues de la capitale. La violence culmine au cours de la semaine du 21 au 28 mai, plus connue sous le nom de « semaine sanglante ».

La Commune cède du terrain

Entre 6 heures et minuit, le 21 mai 1871, les Versaillais entrent dans la capitale par la porte de Saint-Cloud. Le « Paris des riches » est moins défendu que les autres quartiers : Auteuil, Passy et le 15e arrondissement sont bientôt occupés. Rapidement, les troupes parviennent à la rive gauche, où elles sont bloquées à la Concorde. Cinq à six cents barricades ont été érigées dans la capitale, parfois équipées d'une mitrailleuse, parfois pourvues d'un canon.

Le 23 mai, les Batignolles et Montmartre cèdent devant l'avancée versaillaise. Le 24 mai, les troupes de l'armée régulière parviennent aux gares du Nord et de l'Est. Mais les 11e, 12e, 19e et 20e arrondissements tiennent toujours. Dans ces bastions du Paris populaire, la résistance est désormais désespérée.

Le Mur des Fédérés

Malgré une résistance héroïque, les combattants de Paris sont peu à peu écrasés. C'est au Père-Lachaise que se retranchent les derniers défenseurs de la Commune, après la chute du 13e arrondissement, de la Bastille et des Buttes-Chaumont. Les Versaillais, maîtres du lieu vers la fin de l'après-midi du 28 mai,

∨ Elles ont fait trembler Versailles : femmes de la Commune emprisonnées. La deuxième en bas à droite est Louise Michel.

ne font pas de quartier. Tous les prisonniers sont fusillés méthodiquement contre un mur. Cent quarante-sept fédérés trouvent la mort avant d'être jetés dans une fosse ouverte au pied du mur. Dans les mois qui suivent l'écrasement de l'insurrection, les peines s'abattent lourdement sur ceux qui ont survécu. Travaux forcés, bannissements, déportations... Le bilan des victimes de la guerre civile et de la répression qui s'ensuit s'établit entre vingt et trente mille morts. Le Conseil municipal de Paris paye l'inhumation de dix-sept mille cadavres, mais nombre de fédérés sont enterrés ou incinérés hors de la capitale. Les élections de juillet 1871, puis celles de mars 1876, installent et consolident la république tant désirée par les insurgés de la capitale. Mais beaucoup de ceux qui cru dans les idéaux de justice sociale de la Commune ne reverront jamais le temps des cerises.

DES SOLDATS EN JUPON AU CHÂTEAU-D'EAU

Le jeudi 25 mai 1871, alors que les gardes nationaux abandonnent la barricade de la rue du Château-d'Eau, un bataillon de femmes vient en courant les remplacer. Ces femmes, armées de fusils, se battent admirablement, si l'on en croit les témoins de l'époque. Au cri de : « Vive la Commune ! », elles tiennent tête aux soldats. Nombreuses sont les très jeunes filles dans leurs rangs. L'une d'elles, âgée de dix-neuf ans, habillée en fusilier marin, se bat comme un démon et est tuée d'une balle en plein front.

L'attitude des femmes de Paris fait l'admiration de l'Europe, mais exaspère la férocité de leurs adversaires. Cernées et désarmées par les Versaillais, les cinquante-deux survivantes sont fusillées immédiatement.

Le
Petit Journal
2000000
5

Paris capitale des arts au XIXe siècle

Le 25 février 1830, la salle de la Comédie-Française s'emplit peu à peu. Le lustre descend lentement du plafond et les candélabres s'allument aux avant-scènes, tandis que, posant leurs bouquets et leurs lorgnettes sur le rebord de velours, les femmes s'installent dans les loges. Une rumeur gronde dans la salle. Enfin les trois coups retentissent. Le rideau se replie lentement sur lui-même. Sur scène, une chambre à coucher du XVIe siècle apparaît, éclairée par une petite lampe. Doña Josefa Duarte, une vieille en noir, vêtue à la mode d'Isabelle la Catholique, guette les coups que doit frapper à la porte secrète un galant attendu par sa maîtresse…

< « Le rêve de mon existence est accompli », déclare le sculpteur Bartholdi lors de l'inauguration de son œuvre, à New York, en octobre 1886. Construite rue de Chazelles, la statue de la Liberté devient un emblème universel.

Au XIXe siècle, l'esprit de renouveau bouleverse les pratiques esthétiques. La capitale attire les artistes du monde entier en s'affirmant comme un incomparable pôle de création. Cela ne va pas sans heurts. Victor Hugo est pourtant déjà un auteur à succès lorsqu'il fait représenter *Hernani*.

Mais quelques jours avant la représentation, une députation d'auteurs classiques a adressé une supplique à Charles X lui demandant d'interdire la pièce, qui selon eux constitue « un défi au respect de toutes les traditions, à toutes les règles du

> À l'issue de la houleuse « première » d'*Hernani*, Victor Hugo s'impose comme le chef de file du mouvement romantique.

« CE QUELQUE CHOSE DE PLUS QUE TOUT, QUI ÉCHAPPE AUX MOTS » : UNE RÉVOLUTION MUSICALE AU CONSERVATOIRE

Le 11 septembre 1827, Berlioz assiste à une représentation de *Hamlet* au théâtre de l'Odéon. Il tombe alors éperdument amoureux de l'actrice qui joue Ophélie, Harriet Smithson. Il lui écrit à plusieurs reprises, mais sans parvenir à la convaincre de le rencontrer. C'est cet amour à sens unique qui donne naissance à la *Symphonie fantastique*, une œuvre puissamment romantique. Qu'on en juge à partir du livret : sous l'influence de l'opium, un jeune artiste doué d'une sensibilité extrême a une série de visions dans lesquelles apparaît la femme aimée. L'idée fixe de l'artiste revient dans chaque mouvement, mais s'incarne à chaque fois dans une forme musicale différente.

Le 5 décembre 1830, a lieu au Conservatoire la première représentation, organisée à ses frais par l'artiste, de la *Symphonie fantastique* à Paris. L'orchestre se fait alors l'écho des rêves, des tristesses, des désespoirs, des cauchemars et des folles terreurs nerveuses du compositeur : une véritable révolution musicale. Le public est choqué, mais conquis. Franz Liszt, présent dans la salle, est admiratif. Berlioz et Harriet Smithson se rencontrent enfin : elle est venue assister à la représentation. Est-ce l'audace musicale du compositeur ou le succès de son œuvre qui séduit enfin la comédienne ? Ils se marient le 3 octobre 1833. Mais leur union est un désastre et le couple se sépare au cours de l'été 1844. En revanche, la carrière de Berlioz est assurée. Il incarne désormais l'idée musicale romantique : les formes nouvelles, la richesse compliquée et savante de l'orchestre, la profondeur tumultueuse des passions, les rêveries amoureuses ou mélancoliques, les sentiments indéfinis et mystérieux et, écrit Théophile Gautier, « ce quelque chose de plus que tout, qui échappe aux mots et que font deviner les notes ».

∧ Tumulte, rafales, passions délirantes : Berlioz défraye la chronique musicale par son œuvre remplie de bruit et de fureur.

bon sens et du bon goût ». Le motif de leur indignation ? *Hernani* fait fi des canons du théâtre classique. La pièce contrevient notamment à la règle des trois unités (de temps, de lieu et d'action) énoncée par Boileau sous le règne de Louis XIV. Le monarque a le bon sens de refuser toute intervention. Mais, prévoyant du grabuge lors de la représentation, le camp romantique organise la résistance et regroupe ses forces. Gérard de Nerval et Théophile Gautier seront présents. Dès 14 heures, ils s'installent dans la salle de spectacle et se préparent à réagir au moindre signe d'hostilité de ceux qui ont pour projet de saboter la représentation. De fait, aux premiers vers, des protestations tentent d'interrompre le spectacle. Mais, depuis le parterre, les jeunes romantiques insultent copieusement les occupants des tribunes. Ce soir-là, on n'est pas loin d'en venir aux mains à la Comédie-Française. Mais à l'issue de la représentation, le doute n'est plus permis : la bataille d'*Hernani* est une victoire pour ceux qui revendiquent l'innovation. Dès lors, le romantisme prend le pas sur le rationalisme et le classicisme. Sur les scènes parisiennes, place au rêve, à l'imagination, et à la sensibilité individuelle.

L'ART CHANGE DE SUJET

Le premier tableau qu'Édouard Manet soumet au Salon en 1859, *le Buveur d'absinthe* est refusé, malgré l'avis favorable de Delacroix. Motif de ce rejet ? Manet utilise un format pictural traditionnel – le portrait en pied – pour représenter un être marginal et socialement discrédité : un ivrogne. Quelle inconvenante idée ! Le critique Thomas Couture condamne définitivement le tableau d'une question : « Comment peut-on peindre quelque chose d'aussi laid ? » Manet emprunte les sujets de ses tableaux au quotidien et à la modernité, ce qui choque l'opinion. Les modistes, les repasseuses, les scènes de rues heurtent les habitudes. Pour les peintres de la « nouvelle vague », c'en est fini des sujets nobles et de la représentation académique : la nature, le quotidien, la réalité urbaine deviennent des sujets privilégiés dans la recherche d'une vérité de l'impression. Une nouvelle peinture s'impose, rejetant les sujets de convention et la recherche d'une beauté idéale. « Il faut être de son temps, faire ce que l'on voit » : le credo de Manet finira par s'imposer comme une évidence.

Les artistes incompris

« Je peins ce que je vois, et non ce qu'il plaît aux autres de voir », répond Édouard Manet à ceux qui critiquent son œuvre. Présidé par un jury composé de membres de l'Académie des beaux-arts et de précédents médaillés, le Salon des artistes français de Paris sélectionne impitoyablement les œuvres exposées. La plupart des futurs impressionnistes sont régulièrement refusés. Mus par la volonté de se défaire des conventions, d'un certain académisme, ces peintres affirment le droit à la subjectivité, à l'impression. Ils privilégient la liberté de l'artiste dans son travail des couleurs et des motifs, et délaissent par conséquent nombre de règles qui passaient alors pour immuables en peinture. Dès lors, leur peinture déplaît, leur audace choque. Les vibrations lumineuses, l'effacement des reliefs, les touches discontinues sont interprétées par le public, averti ou non, comme le résultat d'une ignorance. On crie à la profanation artistique, ce dont les peintres se défendent de leur mieux : « C'est l'effet de la sincérité de donner aux œuvres un caractère qui les fait ressembler à une protestation, alors que le peintre n'a songé qu'à rendre son impression », se justifie en vain Manet.

Pour ou contre Monet ?

Accusé de laisser-aller, de travail bâclé, de négligence, Monet est, lui aussi, vivement critiqué : « En dépit du talent que dénotaient certaines esquisses, je me désintéressais, de plus en plus, je l'avoue, de cette peinture brouillonne et hâtive, écrit Joris-Karl Huysmans. L'impressionnisme tel que le pratiquait M. Monet, menait tout droit à une impasse ; c'était l'œuf resté constamment mal éclos du réalisme, l'œuvre réelle abordée et toujours abandonnée à mi-côte. M. Monet est certainement

⋎ Pressé par Edmond Renoir de donner un titre à son tableau pour le catalogue, Monet aurait répondu : « Mettez *Impression*. » La toile donnera son nom au mouvement impressionniste.

> **Au XXe siècle, Paris déclarera la paix au monde.**
> *Michelet*

l'homme qui a le plus contribué à persuader le public que le mot impressionnisme désignait exclusivement une peinture demeurée à l'état de confus rudiment, de vague ébauche ». Certains prennent pourtant sa défense : « Je ne connais pas M. Monet, écrit Émile Zola après avoir vu son tableau *Camille*, dite *la Femme à la robe verte*, je crois même que jamais auparavant je n'avais regardé attentivement une de ses toiles. Il me semble cependant que je suis un de ses vieux amis. Et cela parce que son tableau me conte toute une histoire d'énergie et de vérité. Ici, il y a plus qu'un réaliste, il y a un interprète délicat et fort qui a su rendre chaque détail sans tomber dans la sécheresse. Voyez la robe. Elle est souple et solide. Elle traîne mollement, elle vit, elle dit tout haut qui est cette femme. » En 1884, lassés de quémander le droit de présenter leurs œuvres au public, les peintres créent le Salon des artistes indépendants, qui proclame fièrement sa devise : « Sans jury, ni récompenses ». À la différence du Salon officiel, tout artiste a le droit d'y exposer. De 1884 à 1914, c'est donc aux expositions des indépendants que s'exhibe l'avant-garde artistique. C'est là, en marge de la création officielle, qu'émergent les différents courants destinés à révolutionner le monde artistique. Réalisme, symbolisme, nabis, impressionnisme libèrent la peinture de ses conventions et lui ouvrent de nouveaux horizons. L'art moderne naît alors même que le cinéma voit le jour.

En décembre 1895, les Parisiens découvrent le cinéma au Grand Café.

Naissance d'un art

Le 28 décembre 1895, au salon indien du Grand Café, 14, boulevard des Capucines, a lieu la première représentation payante des images prises par les frères Lumière. Il s'agit d'images montrant la sortie des usines Lumière à Lyon. Trente-trois spectateurs sont venus ce soir-là. L'entrée coûte un franc. Le gérant du café a exigé d'être payé trente francs par jour : Auguste et Louis Lumière empochent donc trois francs dans la soirée... Dans les jours qui suivent, en dépit de ces débuts timides, le succès va croissant. Bientôt, des agents

DES « APACHES » À BELLEVILLE

En janvier 1902, un nouveau type de délinquance s'abat sur Paris. Les sauvageons de l'époque sévissent principalement à Belleville, à la nuit tombée, terrorisant les habitants. Avec ses cités ouvrières et ses rues peu sûres, le quartier a déjà mauvaise réputation : désormais, on ne s'y promène plus qu'en tremblant. Cambriolage, meurtre, proxénétisme... Les nouveaux criminels ne reculent devant aucun forfait. Tout, plutôt que d'aller travailler : telle semble être la devise de ces jeunes gens d'allure soignée, qui vivent en marge de la société. Les journalistes du *Matin* les surnomment les « apaches ». C'est sous ce nom qu'ils deviennent célèbres et redoutés. Leurs femmes, de mœurs très libres, suscitent la convoitise et la défiance. La plus célèbre d'entre elles, une créature incendiaire à l'importante chevelure blonde, fait des ravages dans le cœur des hommes. Une fusillade tragique en résulte, le 10 janvier 1902, rue du Chemin-Vert, qui fait plusieurs victimes et met un point final à sa passion pour un charpentier. Cette femme « apache » passe à la postérité grâce au cinéma, sous le nom de Casque d'Or.

À sa sortie, le film *Casque d'Or* (1952) de Jean Becker est déclaré « trop beau pour être honnête » par le critique Hervé Bazin.

de police sont requis pour faire régner l'ordre sur le trottoir où les futurs spectateurs font la queue. « C'est un grand pas pour le progrès de l'humanité », affirme Émile Loubet, président de la République, après avoir assisté à une projection. Dans la salle, tout le monde ne partage pas forcément cet enthousiasme. À la vue des images animées, certains croient à de la sorcellerie, et les journaux prennent un malin plaisir à relater des scènes de panique. Quant aux comédiennes de l'époque, comme Cléo de Mérode ou Sarah Bernhardt, elles ne tarderont pas à comprendre quel parti tirer de cette merveilleuse technologie qu'on n'appelle pas encore le septième art.

Triomphe sensuel sur scène

« Ce n'était plus un humain qui délaissait la chambre du phantasme pour rejoindre l'espace, c'était un souffle aromatique, c'était vraiment l'ombre même de la rose, du vertige, du songe et du sommeil », écrit Anna de Noailles de Vaslav Nijinski.

TRIOMPHE DE *LA VIE DE BOHÈME*

« Je suis l'empereur de Maroc et j'ai épousé la Banque de France », déclare l'écrivain Henri Murger pour rendre compte du succès de son œuvre. Ses *Scènes de la vie de bohème*, parues d'abord en feuilleton dans le périodique parisien *le Corsaire*, font l'objet d'une adaptation théâtrale en 1849 et d'un roman en 1851. L'existence joyeuse et difficile du romancier et de ses amis artistes en constitue le thème. Elles font ensuite l'objet de deux opéras rivaux : l'un de Ruggero Léoncavallo l'autre de Giacomo Puccini. « *Mi chiamano Mimie* », chante avec naturel l'héroïne, qui vit d'amour et d'eau fraîche dans un Montmartre idéalisé. La vie de bohème devient un mythe, dont le manque d'argent, l'amitié, l'amour, et le drame constituent les étapes obligées. Hymne à la jeunesse et à sa capacité à rêver malgré les difficultés, la *Vie de Bohème* contribue à forger une nouvelle légende parisienne. D'abord triomphalement accueilli, l'opéra de Léoncavallo sombre peu à peu dans l'oubli, tandis que celui de Puccini s'impose avec les années.

∧ « Les escaliers de la Butte sont durs aux miséreux, / Les ailes des moulins protègent les amoureux. » Les artistes sont nombreux à venir chercher leur inspiration à Montmartre dès le début du XIXe siècle. Henri Murger y puise le thème des *Scènes de la vie de bohème*.

Dans *le Spectre de la rose*, le danseur éveille une jeune fille au désir et à l'amour. Avec l'arrivée des Ballets russes dans la capitale, en 1907, le Tout-Paris découvre sur la scène du Châtelet l'expression d'une sexualité féminine, que seule la danse permet alors d'assumer. Mais c'est avec *l'Après-midi d'un faune* que le scandale arrive. Sur une musique de Debussy, le faune Nijinski, entouré de nymphes avec qui il forme une frise vivante, s'abandonne au plaisir. La rupture avec l'académisme bouscule les habitudes, et le public crie à l'obscénité du sujet. Mais le coup est porté. Peu après, c'est une Américaine d'origine irlandaise qui triomphe sur la même scène. Le 19 janvier 1911, Isadora Duncan stupéfie le public parisien dans une interprétation très personnelle de l'*Orphée et Eurydice* de Gluck. Les bras et les pieds nus, bondissant librement selon une chorégraphie qu'on croirait improvisée, elle renouvelle radicalement un art jusqu'alors codifié à l'extrême.

Ah, la bière bue au Ritz !

« C'est à l'hôtel Ritz que j'ai le mieux savouré les toniques puissants que sont une société choisie, de graves réflexions et des propos légers, des mets délectables, une atmosphère exquise », écrit Marcel Proust. Le 1er juillet 1907, il y reçoit ses amis. Un salon commode de l'hôtel, avec un boudoir adjacent où l'écrivain peut, en cas de nécessité, brûler la poudre de ses fumigations antiasthmatiques, est le lieu où il accueille ses invités. « Il me semble que c'est chez Ritz, avec mon grand souper du 1er juillet 1907, que j'entrai dans la vraie vie qu'est la littérature, car (chose que je n'ai jamais dite) je marquai là mes épousailles avec la chrysalide de mon œuvre », écrit l'auteur du premier roman moderne. C'est en effet cette société brillante que Marcel Proust fait revivre lorsqu'il s'enferme chez lui pour écrire. Vivant en reclus, il s'obstine alors à recréer le plus fidèlement possible, depuis le silence et l'immobilité de sa chambre, le tumulte de la vie mondaine. Dans son œuvre, l'intrigue disparaît au profit d'une peinture des impressions dans ce qu'elles ont de plus subjectif et de plus éphémère. Le souvenir de la bière bue au Ritz enchante pour toujours la mémoire du narrateur : « Depuis, dans mon éternité, je fixe pour toujours l'insaisissable rien de mon songe vivant : un frisson d'or frisé picotant mon palais. » Le Paris de 1900 tout entier ressuscite dans les pages du roman, et l'élégant du Ritz invite le lecteur à un voyage dans l'univers où il a vécu.

« Par l'art seulement nous pouvons sortir de nous, rappelle Marcel Proust, savoir ce que voit un autre de cet univers qui n'est pas le même que le nôtre, et dont les paysages nous seraient restés aussi inconnus que ceux qu'il peut y avoir dans la Lune. Grâce à l'art, au lieu de voir un seul monde, le nôtre, nous le voyons se multiplier, et autant qu'il y a d'artistes originaux, autant nous avons de mondes à notre disposition ».

˅ « Lorsque je rêve de l'au-delà, du paradis, je me retrouve au Ritz à Paris », avait coutume de dire Hemingway.

Paris fait son cinéma

De la première représentation des frères Lumière – le 28 décembre 1895 au salon indien du Grand Café, 14, boulevard des Capucines – à nos jours, Paris et le cinéma ont vécu une longue et belle histoire. En mars 1897, le premier cinéma s'ouvre au 6, boulevard Saint-Denis : on peut dès lors assister à des séances dans la capitale pour cinquante centimes. Aujourd'hui, avec près de quatre cents écrans, Paris est la ville qui compte le plus de salles de cinéma au monde. Quelque quatre cent cinquante films en moyenne y sont programmés chaque semaine. À cette offre correspond d'ailleurs un afflux massif du public : près de trente millions de spectateurs se sont rendus dans un cinéma parisien en 2004, quand les autres capitales européennes réalisent moins de la moitié de ce nombre d'entrées. Depuis 2002, le festival Paris Cinéma accueille chaque année, outre les plus grandes stars, des milliers de spectateurs dans le cadre de projections estivales en plein air. Décidément, le cinéma aime Paris, et lui en fait voir de toutes les couleurs.

∨ Audrey Tautou, heureuse parisienne dans *Le Fabuleux destin d'Amélie Poulain*

∨ James Bond visite la Tour Eiffel à sa manière (*Dangereusement Vôtre*)

∨ Qui peut franchir le canal Saint-Martin sans songer avec tendresse à Arletty et à son « Atmosphère » ? (*Hôtel du Nord*)

∧ Paris, ville romantique (*Un Américain à Paris*)

∧ Photo souvenir en dessin animé (*Les Razmoket à Paris*)

Paris brûle-t-il ?

Utilisée comme décor dans près de sept cents films par ans, la capitale est aussi la ville la plus filmée au monde. Paris constitue bien entendu un symbole du romantisme, comme en témoignent les réalisateurs américains qui y situent leurs plus belles histoires d'amour : de *Un Américain à Paris* (1951) de Vincente Minnelli à *French Kiss* (1995) de Lawrence Kasdan, en passant par *Tout le monde dit « I love you »* (1996) de Woody Allen. La Ville lumière est aussi l'espace de tous les plaisirs et de toutes les libertés : en témoignent *le Dernier Tango à Paris* (1972), tourné par Bernardo Bertolucci, ou *Moulin Rouge*, réalisé en 2001 par Baz Luhrmann. Ses paillettes, ses nuits endiablées et son atmosphère libertine font rêver les réalisateurs, avant de conquérir le box-office.

La traversée de Paris

Mais c'est aussi un Paris réaliste et populaire qui inspire les auteurs actuels : de *La vérité si je mens* (1996 et 2001) de Thomas Gillou au *Fabuleux Destin d'Amélie Poulain*, ce sont les quartiers vivants et leur atmosphère particulière, ainsi que les personnages qui en sont issus, qui confèrent à ces films leur saveur originale. Les Halles sont le lieu de l'errance des trois héros de *la Haine* (1995) de Mathieu Kassovitz et c'est près de l'Opéra-Bastille que les personnages de Cédric Klapisch tournent dans *Chacun cherche son chat* (1996).

Rive droite, rive gauche, monuments et cafés du coin, tous les arrondissements, tous les quartiers peuvent se targuer d'avoir suscité leurs films, d'avoir remporté leurs succès au box-office. Paris se donne en spectacle au cinéma, et le cinéma le lui rend bien.

75

Les Parisiens dans la tourmente de la première guerre mondiale

Le 30 août 1914, à midi vingt, un moteur ronfle bruyamment dans le ciel de Paris. Celui d'un monoplan Rumpler, surnommé *Taube*, qui survole la capitale à une hauteur d'environ 1 000 mètres. C'est le premier avion allemand au-dessus de Paris. Il est midi quarante-cinq lorsque l'avion largue son premier projectile. Une violente explosion retentit au 39, rue des Vinaigriers, au coin de la rue Albouy, à côté d'une boulangerie dont la vitrine vole en éclats tandis qu'une épaisse fumée noire se répand dans la rue. Quelques instants plus tard, un second obus s'abat en face du numéro 66 de la rue des Marais, non loin du boulevard Magenta.

< Ils font la guerre comme des grands. De même que les adultes, les enfants sont imprégnés d'une culture de guerre, omniprésente dans la société.

> **Dans un ciel nocturne, j'assistai au spectacle sublime d'un raid aérien transfigurant Paris en opéra de Wagner, des Walkyries escaladant en zeppelins une voûte céleste apocalyptique.**
>
> ***Marcel Proust***

Une troisième bombe atterit au 107, quai de Valmy, devant un asile de nuit dont les vitres volent en morceaux, faisant deux blessées. Une quatrième tombe rue des Récollets, sur la toiture vitrée d'une cour intérieure. Celle-ci n'éclate pas ; on retrouve un engin d'une vingtaine de centimètres de haut, en forme de poire, sans empennage, chargé de poudre et de shrapnels.

L'avion, ayant épuisé ses munitions, largue alors un oriflamme aux couleurs du drapeau allemand. Une enveloppe contenant un message y est attachée : « L'armée allemande est aux portes de Paris, vous n'avez plus qu'à vous rendre. »

Paris sous un ciel menaçant

Officiellement, ce raid ne cause que des « dégâts insignifiants ». En réalité, sur ordre du gouvernement, les dommages sont systématiquement minimisés afin de préserver le moral de la population. Lorsqu'un avion allemand survole le square des Innocents, le 31 août, les Parisiens terrifiés s'enfuient à toutes jambes. Mais l'avion se contente cette fois de lâcher un message ironique destiné à informer les Parisiens : « Nous avons l'honneur de vous aviser que l'armée française a été battue près de Saint-Quentin. » Jusqu'en 1915, date à laquelle le front s'éloigne, la capitale subit les incursions de l'aviation ennemie.

En dépit des risques réels, les Parisiens sont souvent dominés

▲ Les Parisiens qui n'ont pas fui la capitale suivent avec intérêt les évolutions de l'aviation allemande dans le ciel.

par la curiosité plutôt que par un sentiment de frayeur. Ils sortent armés de jumelles et s'installent sur les bancs des squares et des boulevards pour attendre les assaillants. Les points élevés de Paris sont d'ailleurs envahis et, sur la butte Montmartre, on loue des chaises et des longues-vues pour attendre l'apparition dans le ciel des *Taubes*.

Le front se rapproche dangereusement

Le 2 septembre 1914, en raison de l'avance des troupes allemandes, le gouvernement quitte la capitale et se replie sur Bordeaux. Une affiche du gouvernement tente de sauver la face et de rassurer la population de la capitale. « Les membres du gouvernement de la République ont quitté Paris pour donner une impulsion nouvelle à la défense nationale. »
Dans le même temps, des milliers de réfugiés du nord et de l'est fuyant l'avancée des troupes allemandes se retrouvent sur les routes, et parviennent à la capitale. Le front est alors à quelque 100 kilomètres au nord de Paris.

Les taxis parisiens appelés à la rescousse

Début septembre 1914, une avancée foudroyante amène les Allemands sur la Marne ; ils menacent désormais d'encercler les armées de l'Est. En toute hâte, le général Joffre réunit une nouvelle armée dans Paris. Mais comment transporter dix mille hommes sur le front en quelques heures ? Les chemins de fer sont entièrement mobilisés par les transports de troupes, nombre de lignes ont été coupées par les bombardements. Depuis le 1er août 1914, il n'y a plus d'autobus dans la capitale : dès l'entrée en guerre, mille quarante-cinq véhicules ont été soustraits aux transports urbains pour assurer le déplacement des troupes.

Le général Gallieni, gouverneur de Paris, réalise le tour de force nécessaire en réquisitionnant les six cents taxis de la capitale. Ceux-ci, pour l'essentiel des Renault AG, emportent à toute vitesse les dix mille hommes sur le champ de bataille. Le 6 septembre, la sixième armée française, sous les ordres du général Maunoury, engage le combat contre la première armée allemande, commandée par le général Von Kluck, entre Nanteuil-le-Haudouin et Meaux. Offensives et contre-offensives se succèdent. Les Allemands épuisés, légèrement moins nombreux et éloignés de leurs bases, cèdent et se replient le 10 septembre. Grâce à l'ingéniosité de Gallieni et aux taxis parisiens, un terme est mis à l'avancée irrésistible des armées allemandes. La bataille de la Marne inaugure une nouvelle étape du conflit. C'est le début de la guerre de position.

> Par nécessité, les femmes se voient confier des tâches autrefois réservées aux hommes : ce sont les débuts de la parité.

∨ Ils ont permis de stopper l'offensive : les taxis parisiens acheminent en hâte les troupes françaises sur le front de la Marne.

À L'ARRIÈRE, ON S'EN DONNE À CŒUR JOIE

« Jamais tu ne croirais que nous sommes en guerre. Plus elle dure, plus ils s'amusent, écrit avec amertume le poilu Truffau à un camarade de tranchée. Des magasins éclairés, des autos superbes, des femmes chic avec petits chapeaux, grandes bottes, poudre de riz, manchons et des petits chiens ; et des embusqués avec de belles vareuses en drap fin, des culottes ajustées et des machins jaunes bien plus reluisants que nos officiers. » Voilà ce que tous les permissionnaires songent sans doute en se promenant à l'aventure sur les boulevards. Dans Paris, plus que jamais peut-être, on continue de s'amuser. Est-ce un besoin d'oublier le contexte tragique ? Quoi qu'il en soit, la guerre est parfois le premier prétexte au divertissement. Au théâtre de la Porte-Saint-Martin, le 11 mai 1915, on donne à 20 heures 15 une répétition générale de *la Petite Fonctionnaire*, une comédie en trois actes de M. Alfred Capus. Scandaleux, de donner une comédie en temps de guerre ? Non : la représentation est donnée au bénéfice de l'œuvre du soldat sans famille, sous le patronage de M. le président de la République et de M. Thomson, ministre du Commerce, de l'Industrie, des Postes et Télégraphes. La morale est sauve.

Le même soir, à la Comédie-Française, on annonce que le grand succès remporté par la matinée des Chants de guerre, donnée au bénéfice des oeuvres de blessés, a engagé le théâtre à redonner le même programme au tarif habituel.

Show must go on. À Paris, le spectacle continue.

Mobilisation des Parisiennes

Mobilisation oblige, la capitale, comme les autres villes françaises, ne compte bientôt plus guère d'hommes valides. Pour les suppléer dans leurs tâches, on fait appel aux femmes qui répondent rapidement « présentes ». En effet, la maigre allocation versée aux épouses d'hommes mobilisés ne permet que de survivre : un franc vingt-cinq par jour, auquel s'ajoute cinquante centimes par enfant... Pour nombre de ménages, un salaire de plus est le bienvenu. Désormais, les femmes contrôlent donc les billets dans les tramways, instruisent les enfants, soignent les blessés, livrent le charbon, conduisent des fiacres, s'improvisent coiffeuses, maraîchères, ouvrières de précision. Celles à qui on refusait auparavant le droit de sortir de leur foyer au nom de leur faiblesse et de la pudeur sont désormais sollicitées pour accomplir des tâches dangereuses ou fatigantes. La nation a besoin d'elles et de leurs forces vives. On les rassure : elles n'en deviendront pas moins charmantes pour autant.

Wattwoman : les femmes au cœur de la guerre

Au fur et à mesure de la guerre, avec la disparition de la main-d'œuvre masculine, les femmes gagnent l'accès à des professions de plus en plus spécialisées. En 1916, madame Hygoninc prend son service, saluée par toute la presse parisienne : elle est la première femme à conduire un tramway. Les journaux de la capitale font leurs gros titres sur celle qu'ils appellent « wattwoman » ou « mécanotte ».
En 1917, les premières factrices apparaissent dans les 10ᵉ et 17ᵉ arrondissements. L'uniforme a été féminisé en leur honneur, ainsi que le vocabulaire : elles distribuent le courrier vêtues d'un sarrau noir et d'un chapeau de la même couleur.
Exposées du fait de leur professionnalisation, les femmes payent aussi leur tribut aux horreurs de la guerre. Le 20 octobre 1915, l'usine de fabrication de grenades sise au 173 de la rue de Tolbiac explose. Une cinquantaine de morts et une centaine de blessés sont retirés des décombres. Parmi ces victimes, de très nombreuses ouvrières.

Paris à l'heure des produits de remplacements

^ Des femmes au volant… Qui l'eût cru possible quelques années plus tôt ? Elles défrayent la chronique, les premières conductrices de tramway !

Dès 1914, la question cruciale du ravitaillement se pose dans la capitale. Les problèmes du transport, la réquisition par le gouvernement de certains animaux… tout concourt à créer la pénurie. En conséquence, les prix montent, ce qui fait le jeu de la spéculation… Le garde des Sceaux dénonce cet état de fait dès octobre 1914 : « Je suis avisé que des spéculateurs se livreraient sur les denrées, dont certaines sont de première nécessité, à des opérations d'accaparement ou autres manœuvres frauduleuses en vue de provoquer une hausse artificielle des prix de ces denrées. Ces agissements constituent de véritables attentats contre la nation. » Bientôt, une loi confère au gouvernement le droit de réquisitionner et de fixer à sa convenance le prix des produits de toute première nécessité, à savoir le blé et

les farines. Cette latitude est étendue en 1916 à d'autres produits comme le lait, le sucre et les œufs. En 1917, les Parisiens découvrent un nouveau ministère, dédié au Ravitaillement. Désormais, la margarine remplace le beurre, la saccharine pallie le manque de sucre. Les ersatz en tout genre envahissent le marché.
La taxation gagne bientôt l'ensemble des produits alimentaires ; le gouvernement fixe le prix de chaque denrée, et prélève une dîme au passage. Le kilo de pommes de terre coûte désormais entre quinze et trente centimes ; les pois cassés sont évalués à trente centimes le litre. En 1917, le sucre n'est plus délivré que contre des coupons de ravitaillement ; les boucheries ont ordre de fermer à 13 heures, et les restaurants ne servent plus de viande le soir. Dans la capitale soumise à ces restrictions, le marché noir se développe à grande échelle.

˅ **Plus d'hommes dans Paris, à l'exception des malades, des vieillards et de quelques embusqués. Résultat :** une ville qui fonctionne au ralenti.

La baguette en voie de disparition

Le « pain national » se substitue chez les boulangers au pain blanc. Composé de froment et de produits de remplacement comme la farine de maïs, le « pain national », que l'on vante comme une nouvelle forme de pain « de campagne », occasionne des problèmes de digestion, et cause un certain amaigrissement. Pourtant, la population ne parvient pas à se passer de cet aliment de base, et continue d'en consommer.
Dans le même temps, la production de pains « de luxe » ainsi que la fabrication de brioche et croissants (qui nécessitent de la farine, du lait, du sucre et du beurre) sont interdites. À partir de 1918, le « pain national » aussi se voit rationné : 300 grammes par jour et par personne constituent la quantité maximale autorisée.

˅ On leur fait dessiner des affiches et écrire des lettres aux soldats : les enfants aussi sont sollicités pour l'effort de guerre.

« Avez-vous du charbon ? »

Dans la capitale, en janvier 1917, la question devient lancinante. Pourtant, en 1916, la municipalité parisienne a institué un système de vente préférentielle du charbon aux femmes de mobilisés, aux chômeurs et aux vieillards. Sur le papier, ceux-ci ont droit, tous les quarante jours, à un sac de 50 kilos au tarif préférentiel de quatre francs soixante-quinze. Mais l'hiver est précoce, et rigoureux. Il fait −9 degrés au mois de janvier dans la capitale. Le 3 février, le thermomètre indique −12 degrés. Les charbonniers ne parviennent pas à répondre à la demande. Avec la perte des houillères du Nord, la production de charbon française est tombée de 40 à 20 millions de tonnes. Le peu de combustible qui parvient dans la capitale est réservé aux industries. Dans Paris, on se chauffe à nouveau au bois. Bientôt, le charbon sera à son tour rationné. Une carte est distribuée aux Parisiens dès l'automne suivant, plafonnant la consommation des ménages. Pour trois personnes ne disposant pas du gaz, 120 kilos par mois sont attribués ; quatre ou cinq personnes ont droit à 150 kilos ; et ceux qui disposent du gaz à 80 kilos

⋎ Mata Hari en costume de scène.

seulement. Désormais, tout le monde grelotte à Paris. Le mécontentement croît parmi la population. « On nous prend nos maris, on affame nos enfants, et pendant ce temps-là, certains s'enrichissent ! »

« L'ŒIL DE L'AURORE » DANS LES FOSSÉS DE VINCENNES : ITINÉRAIRE D'UNE AVENTURIÈRE

Après un mariage raté, une jeune Hollandaise nommée Margaretha Geertruida Zelle fait ses débuts à Paris comme danseuse de charme. Elle apparaît sous l'identité d'une princesse javanaise dénommée Mata Hari (« L'œil de l'aurore ») au musée des Études orientales, l'actuel musée Guimet, qui abrite alors une salle de spectacle privée. La représentation donnée le 13 mars 1905 par Émile Guimet, un riche négociant et mécène, à quelques privilégiés consiste en un tableau animé. Shiva, le dieu hindou aux six bras, reçoit l'hommage d'une pléiade de princesses. Celles-ci sont emmenées par Mata Hari, vêtue seulement d'un collant couleur chair, ruisselante de paillettes et de verroterie… Le spectacle remporte un franc succès, et voilà une carrière internationale d'entamée.

À Paris, « L'œil de l'aurore » mène une vie fastueuse et légère au Grand Hôtel, jusqu'au moment où elle s'éprend, fin 1916, d'un lieutenant russe de vingt et un ans, Vadim Maslov, qui combat dans l'armée française. Lorsque Maslov blessé est hospitalisé près de Vittel, Mara Hari fait aux autorités françaises la promesse d'espionner le Kronprinz – le prince héritier de l'Empire allemand – en échange de l'autorisation d'aller voir son amant.

De retour à Paris le 4 janvier 1917, pour rejoindre Maslov, elle est arrêtée le 13 février à l'hôtel Élysée Palace. Elle sort nue de la salle de bains et offre aux soldats venus l'arrêter des chocolats dans un casque allemand… Accusée d'entente avec l'ennemi, elle passe devant le 3e conseil militaire, au Palais de justice de Paris, le 24 juillet 1917. La responsabilité de l'aventurière est loin d'être prouvée. Mais les mutineries se multipliant sur le front, l'heure n'est pas à l'exactitude scrupuleuse. La Cour déclare Mata Hari coupable. Le 15 octobre 1917, on la tire de sa cellule pour la conduire dans les fossés de la forteresse de Vincennes. Attachée au poteau d'exécution, elle refuse le bandeau qu'on lui propose, et envoie des baisers aux soldats du peloton avant d'être fusillée.

Maréchal, les voilà

Pendant ce temps, élevés dans le culte des héros absents, nourris d'informations relatives aux batailles, abreuvés de patriotisme, les petits Parisiens jouent à la guerre. Ils revêtent des uniformes de fantaisie, défendent leur territoire contre des ennemis imaginaires, étudient des récits glorieux en classe, et quand tout cela est fini..., écrivent des lettres d'encouragement aux braves des tranchées.

L'arme secrète des Allemands sème la panique dans la capitale

TRISTES PERFORMANCES

Le 29 mars 1918, à 16 heures 27, on célèbre l'office dans l'église Saint-Gervais, tout près de l'Hôtel de Ville. C'est Vendredi saint, et une foule silencieuse, largement vêtue de sombre est venue se recueillir pour la célébration. Tout à coup un énorme fracas se fait entendre dans le quartier, où s'élève un nuage de poussière. Un obus s'est abattu sur l'église, sectionnant le deuxième pilier de la face nord. La voûte de Saint-Gervais s'effondre sur les fidèles. On retire des décombres quatre-vingt-onze morts, et soixante-huit blessés.

∨ Le M42 – la « grosse Bertha » – est ainsi surnommé en hommage à l'héritière des aciéries Krupp. L'épithète fait référence au calibre de l'engin.

Le 23 mars 1918 à 7 heures 15 du matin, avec un fracas qui est entendu dans tout le centre de Paris, un obus tombe sur la place de la République. Quinze minutes plus tard, à la grande consternation des Parisiens, une explosion de même intensité secoue de nouveau la capitale. Le projectile est tombé, cette fois, rue Charles-V. Puis un troisième obus éclate boulevard de Strasbourg, à deux pas de la gare de l'Est. Les tirs se poursuivent avec une régularité désastreuse. Le soir, on dénombre vingt et un impacts dans la cité. En quelques heures, la nouvelle du bombardement de Paris fait le tour du monde grâce au télégraphe et au téléphone. Partout l'information est reçue avec étonnement et incrédulité.

Dans les jours qui suivent, le commandement de Paris lance la chasse aérienne dans le ciel de la capitale. Les journalistes explorent les alentours de la capitale à la recherche de canons dissimulés... Tout cela en vain.

« L'engin à Guillaume » : deux monstres d'acier

Comment expliquer alors ces bombardements ? Cachés dans la forêt de Saint-Gobain, près de Crépy-en-Laonnois, à 100 kilomètres au nord-est de Paris, deux monstres d'acier ont été conçus pour les bombardements à longue distance. L'arme secrète allemande, appelée canons de Paris, ou *Wilhelmgeschütze*, « l'engin à Guillaume », est réglée sur le Palais de Justice, sur l'île de la Cité, dans le centre de Paris, pour une distance phénoménale de 121 kilomètres. Une telle portée de tir impose d'ailleurs des calculs balistiques spéciaux, incluant entre autres la rotondité et la rotation de la Terre. Dans la forêt de Saint-Gobain, une équipe de mathématiciens spécialement venue de Berlin effectue les calculs de pointage.

∨ Ils s'apprêtent à célébrer la victoire après quatre années d'enfer. Celle qu'on appelle la « der des ders » est enfin terminée.

Des armes désormais inutiles

La fin de la guerre approche, au terme de quatre années effroyablement dures pour les civils et les militaires. Le 9 août 1918, à 15 heures 30, l'engin à Guillaume tire son dernier projectile en direction de Paris. Les autorités allemandes rapatrient en secret les deux *Wilhelmgeschütze*, qui sont fondus dans les usines Krupp d'Essen. Tous les devis, les études d'ingénierie, les documents de référence qui s'y rapportent sont également détruits ou dissimulés.
Le 11 novembre 1918, l'armistice signé à Versailles met enfin un terme à la guerre. Les Parisiens peuvent célébrer la paix dans les rues de la capitale, mais les canons de Paris garderont leur secret.

Les expositions à Paris

C'est sous Napoléon III qu'a lieu la première Exposition universelle à Paris, quatre ans après celle de Londres. L'objectif en est à l'origine de montrer les avancées françaises en termes d'industrialisation, mais le succès est tel que les expositions se succéderont désormais à intervalles réguliers : entre 1855 et 1900, Paris en accueille cinq. Un nombre croissant de visiteurs, une magnificence toujours plus grande caractérisent cette succession, qui vise à faire ressortir les progrès scientifiques, moraux et techniques.

⮝ Une rue du vieux Paris reconstituée de toutes pièces pendant l'Exposition Universelle de 1900

➤ Le Palais de l'Electricité et son buffet d'eau à l'Exposition Universelle de 1900

⮜ Le jour de l'inauguration de l'Exposition Universelle de 1900. Vue vers l'ancien palais du Trocadéro démoli en 1935

➤ Le temple d'Angkor-Vat reconstitué en partie pour l'Exposition coloniale de 1931

Le monde en miniature dans la rue des Nations

À chacune de ces manifestations, les visiteurs s'extasient devant les merveilles venues du monde entier pour être présentées aux Parisiens. Le monde entier semble s'offrir sous une forme miniature dans la capitale. Ainsi, en 1878, dans la rue des Nations, au Champ-de-Mars, on visite une étrange juxtaposition : le pavillon des États-Unis avoisine les constructions en bois de la Suède et de la Norvège ; la rustique entrée japonaise s'accole à la loggia monumentale de l'Italie ; les bizarreries chinoises coudoient les splendeurs éclatantes du palais hispano-arabe. C'est pour les visiteurs l'occasion de voyager sans sortir de chez soi, mais aussi de comparer ce que les civilisations montrent d'elles-mêmes. « Placée entre la façade italienne et la façade chinoise, celle du Japon fait ressortir ce qu'il y a d'insignifiant dans la première et de bizarre dans la seconde. » estime un journaliste de la Gazette des Beaux-Arts de 1878.

« Mesdames et messieurs, en voiture ! »

L'Exposition universelle de 1900 atteint un apogée. La France étale sur les collines du Trocadéro les richesses de son empire colonial et glorifie sa capitale : la « Rue de Paris », le « Vieux Paris », reconstituent d'anciens bâtiments et cultivent l'image du haut lieu de tous les plaisirs. Avec le Petit et le Grand Palais, dédiés aux Arts, et le pont Alexandre-III, le métro est l'une des marques les plus importantes de cette année de gloire pour la capitale. Le 20 juillet 1900, ce sont des voyageurs inquiets qui l'inaugurent. Malgré des prédictions des plus sombres – on redoute l'effondrement des galeries, les accidents et les conséquences de la vitesse sur la santé des voyageurs –, la première ligne est mise en service pour l'inauguration de l'Exposition. Elle relie la porte Maillot et la porte de Vincennes, et dessert six stations intermédiaires. Le billet coûte quinze centimes en seconde classe, vingt-cinq centimes en première. Dès les premiers jours, à l'égal des pavillons les plus sensationnels, le métropolitain suscite un engouement sans mesure : on fait la queue pour prendre son ticket.

FRONT POPULAIRE
UNION SOCIALISTE RÉPUBLICAINE
Groupe EUGÈNE REISZ

Les Parisiens entre deux guerres

Un air de trompette résonne dans la capitale. Les horreurs de la guerre terminées, les Parisiens n'ont, semble-t-il, qu'une idée en tête : oublier, s'amuser, profiter de la de la vie. « Triomphe de la lubricité » et « Retour aux mœurs des premiers âges », titrent les quotidiens scandalisés en 1925. Paris, qui s'enthousiasme pour l'exotisme depuis les expositions coloniales et se passionne pour le jazz, découvre avec stupeur la *Revue nègre* au théâtre des Champs-Élysées. Il s'agit en fait d'une revue présentant des artistes noirs américains. Sur la scène, une almée presque nue embrase le public. « La danse sauvage », tel est le nom de ce tableau où elle triomphe, dans un style échevelé et suggestif qui fait d'elle une star du jour au lendemain. Son nom est bientôt sur toutes les lèvres : « Avez-vous vu Joséphine Baker ? »

< 14 juillet 1936 : le Front populaire manifeste place de la Bastille.

« Cette fille a le génie de laisser son corps se moquer de lui-même », écrit André Rouverge. Par son humour et ses danses débridées, Joséphine Baker séduit Paris.

Le style exubérant de la danseuse américaine, tout en faisant scandale, éblouit un public fasciné. Les Parisiens l'adorent, la portent aux nues. On lui propose des engagements partout. Dès 1926, elle mène la revue aux Folies-Bergère. C'est là qu'elle danse, seulement vêtue de sa fameuse ceinture de bananes, et commence à chanter. Popularisant le charleston, fréquentant la jet-set de l'époque, elle a Georges Simenon pour amant et pose pour les peintres Van Dongen, Foujita et Picasso.

Elle devient alors l'égérie de la mode parisienne : on se passe la peau au brou de noix pour lui ressembler, on s'enduit les cheveux de Bakerfix, on imite son accent... Et pendant toute sa carrière, Joséphine chante ce Paris qui l'a adoptée et qui a fait d'elle l'enfant chérie des années folles : « Sous les ponts de Paris », « Mon Paris », « Ça c'est Paris », « La Romance de Paris », « Fleur de Paris », « Paris tour Eiffel », « Sous le ciel de Paris », « En avril à Paris », « J'ai deux amours : mon pays et Paris ».... Entre la cité française et l'artiste américaine, le coup de foudre est réciproque.

Paris change de centre

L'après-guerre consacre aussi la primauté de la rive gauche. Inaugurée en 1910, la ligne 12 du métro, qui traverse Paris du nord au sud et relie Montmartre à Montparnasse, fait peu à peu

∨ Max Jacob, Apollinaire, Blaise Cendrars, Utrillo et Soutine font partie, avec tant d'autres, des « Montparnos », une jeunesse bohème, cosmopolite et avide de distraction.

descendre les artistes. La tendance change d'arrondissement. Désormais, c'est dans le 14e, aux alentours du boulevard Raspail et du carrefour Vavin, que se trouve le nouveau centre de Paris. Trois cafés mythiques en délimitent le pourtour : le Dôme, la Rotonde et la Coupole. Le Dôme a établi sa clientèle dès 1905, quand de nombreux émigrants russes et espagnols sont venus à Paris vivre leur passion pour la peinture. Les horaires

NAISSANCE D'UN CAFÉ DE LÉGENDE

Le 20 décembre 1927, à 21 heures, on se bouscule au carrefour Vavin. Sur le boulevard du Montparnasse, en face du déjà célèbre Sélect, un nouveau lieu ouvre ses portes. La Coupole, dès son inauguration, se signale comme le lieu à la mode. Ce soir-là, on y débouche plus de mille deux cents bouteilles de champagne en l'honneur des deux mille cinq cents invités... Pour l'inauguration en effet, la jet-set de l'époque est présente, Cendrars, Cocteau, Kisling, Vlaminck étrennent les banquettes, commentent la décoration... Certaines des fresques aux murs sont l'œuvre d'un peintre, non des moindres : Fernand Léger. Et le spectacle est aussi dans la salle : Joséphine Baker fait sensation, comme à l'accoutumée, avec sa silhouette longiligne, son sourire éblouissant, et sa couleuvre tenue en laisse. On se bouscule aux abords du bar. Pourtant, les propriétaires ont vu grand : la brasserie s'étend sur une surface gigantesque de 800 mètres carrés, un espace disproportionné qui a requis d'être consolidé par vingt-quatre piliers. Aux tables recouvertes de nappes blanches se côtoient « Montparnos » et Américains. Parmi ceux-ci, un certain Hemingway... Ce dernier écrira plus tard un livre relatant cette période de sa vie, intitulé *Paris est une fête*.

> **Dieu a inventé le Parisien pour que les étrangers ne puissent rien comprendre aux Français.**
> *Alexandre Dumas*

d'ouverture extensifs, du petit matin à la fin de la nuit, l'arrière-salle où, pour le prix modique d'une consommation, l'on peut se chauffer, fumer à loisir et lire les journaux venus directement de Saint-Pétersbourg, constituent alors d'irrésistibles attraits. Aussi y rencontre-t-on alors toute la bohème slave, qui boit, chante, fume et se drogue. Peu à peu, les célébrités présentes ou futures de l'art moderne viennent s'agréger à cette ambiance particulière : Rivera, Pascin, Derain, Vlaminck, Othon Friesz et Modigliani, accompagné des inséparables Picasso, Jacob, Salmon, Apollinaire y établissent leurs quartiers. On les surnomme les « Montparnos ». À la Rotonde comme à la Coupole, ce sont les dancings en sous-sol qui attirent une clientèle désireuse de s'amuser. À chacun de ces cafés ses stars consacrées ou en devenir : au Dôme, les écrivains Henry Miller, Blaise Cendrars, Claudel, Jammes, Breton..., sur les banquettes de la Coupole : les peintres Foujita, Zadkine, Kisling, le sculpteur Giacometti, les auteurs Cocteau, Radiguet, Aragon, Elsa Triolet, Sartre et Simone de Beauvoir...

Hot couture dans la capitale

˅ L'égérie des peintres de l'époque s'appelle Alice Prin, dite Kiki de Montparnasse.

Depuis la fin de la guerre, les soirées de Montparnasse sont follement animées. Dans les réceptions de la baronne d'Oettingen, au Bal nègre ou au dancing de la Coupole, les « garçonnes » scandalisent et triomphent. Celles qu'on appelle ainsi sont pourtant diablement féminines... Mais leurs robes sont raccourcies, largement décolletées à l'arrière ; la taille est peu marquée, le corset définitivement abandonné. Désormais les Parisiennes montrent leurs jambes, leur dos et leurs épaules. Maquillées de manière ostentatoire, sourcils épilés, portant pyjama du soir et cheveux courts, parfois gominés, arborant de longs fume-cigarettes, les garçonnes de Paris manifestent par le costume une inflexible volonté de libération. La guerre est passée par là : après avoir eu accès au travail, à la liberté et aux responsabilités, elles refusent désormais les contraintes. Leur costume en est la preuve.

L'AFFAIRE STAVISKY ÉCLABOUSSE LES MILIEUX FINANCIERS ET MONDAINS DE LA CAPITALE

L'affaire éclate le 29 décembre 1933. Le financier escroc et mondain Alexandre Stavisky, surnommé « Sacha », est accusé d'avoir émis des bons de caisse pour une valeur de deux cent trente-cinq millions de francs, avec la complicité du député maire de Bayonne, et du directeur du Crédit municipal de cette ville. L'enquête révèle que le financier véreux a déjà été impliqué dans dix-neuf autres affaires spéculatives, mais que toutes les poursuites engagées ont été interrompues sur l'intervention de ministres ou de parlementaires.

L'affaire connaît un tournant décisif lorsque le corps du magistrat chargé d'instruire le dossier est retrouvé sur une voie ferrée près de Dijon. Il était en désaccord avec son supérieur, le procureur Pressard. Or ce procureur est le beau-frère de Chautemps, le chef du gouvernement de l'époque… Rumeurs, scandale, suspicions frappent la classe politique. Stavisky, poursuivi par la police, est trouvé mort dans son chalet de Chamonix. Les circonstances de son décès restent obscures. Le *Canard enchaîné* titre : « Stavisky s'est suicidé d'une balle tirée à 3 mètres. Ce que c'est que d'avoir le bras long ! »

Fracture sociale

▲ L'affaire Stavisky défraye la chronique et fait la une des magazines. Parmi ceux-ci, *le Petit Journal illustré* du 24 novembre 1935.

Dans le même temps, alors que le Tout-Paris s'étourdit dans les music-halls et les dancings au son du jazz, les ouvriers mal payés, sans protection sociale, s'entassent dans les banlieues ouvrières. En 1929, le krach boursier de Wall Street se répercute dans la capitale. Désormais, la France compte près de trois cent quarante mille chômeurs, et à Paris, le mécontentement domine. Dans ce contexte tendu, le scandale Stavisky met à jour les rancœurs vis-à-vis du luxe flamboyant de certains nouveaux riches. L'Action française royaliste, les ligues de droite et les communistes dénoncent à l'envi la décadence de ce qu'ils appellent la « Ripoublique ».

La démocratie menacée ?

^ « Le coup de force fasciste a échoué », titre *le Populaire* au lendemain de la manifestation du 6 février 1934. La république ne sera pas renversée mais Daladier démissionne.

Les gouvernements qui se succèdent rapidement semblent incapables de résorber la crise et perdent progressivement la confiance des électeurs. Le 6 février 1934, les ligues organisent une manifestation de masse place de la Concorde. Parmi les organisateurs figurent la ligue monarchiste Action française, la ligue des Jeunesses patriotes fondée en 1924 par Pierre Taittinger, conseiller municipal de Paris, le groupe Solidarité française du parfumeur François Coty, émule de Mussolini, mais aussi des associations d'anciens combattants comme les Croix-de-Feu du lieutenant-colonel de La Rocque. Mais dans les rues de la capitale, la manifestation dégénère rapidement. Tandis que les Croix-de-Feu se dispersent sans attendre, des milliers de militants en armes marchent sur le Palais-Bourbon, siège de la Chambre des députés, en face de la place de la Concorde. La garde mobile tire. Les affrontements se prolongent pendant la nuit. Au total, seize manifestants et un policier sont tués. On compte un millier de blessés. La gauche parlementaire crie alors à la tentative de coup d'État et appelle dans la foulée au rassemblement des forces progressistes. Trois jours plus tard, une contre-manifestation à laquelle participent les socialistes et les communistes dégénère à son tour. Bilan : neuf morts. Le président du Conseil, Édouard Daladier, doit céder sa place à l'ancien président de la République Gaston Doumergue à la tête du gouvernement.

Naissance d'une alliance électorale

En parallèle, la gauche s'inquiète de l'accession au pouvoir des fascistes en Allemagne et en Italie. Pour prévenir ce phénomène en France, les chefs des partis communistes établissent une alliance électorale avec les autres partis de gauche, y compris les partis socio-démocrates ou socialistes. C'est ainsi que se constitue une alliance électorale destinée à entrer dans l'Histoire. Son nom ? Le Front populaire. Pour un temps, communistes et socialistes laissent de côté leurs divergences et se regroupent dans un front antifasciste. Ils sont rejoints en 1935 par les radicaux avec lesquels ils constituent un programme commun : « Le pain, la paix, la liberté ». C'est avec ces priorités affichées que le Front populaire, à la stupeur générale, remporte les élections législatives de 1936. Ce sera le premier gouvernement à dominante socialiste de la IIIe République. Léon Blum devient président du Conseil à partir du mois de juin.

˅ Aux recettes pour éclaircir le teint succèdent celles destinées à le hâler. Les valeurs s'inversent : une peau bronzée devient le symbole d'une vie moderne, un signe extérieur de richesse, en prouvant qu'on a les moyens de partir en vacances.

PAS DE CRISE POUR LES CRÉATEURS

En 1936, depuis sa boutique de la place Vendôme, Elsa Schiapparelli lance un parfum qu'elle appelle *Soucis*, et un imprimé patchwork baptisé *Dépression*. En 1937, elle fait une nouvelle fois sensation avec le rose vif *Shocking*. Dans le même temps, Jean Patou crée la première huile destinée à favoriser le bronzage… Le teint hâlé est en effet à la mode. Avec ou sans ce produit, grâce aux congés payés, tous les Parisiens peuvent désormais, une fois par an, arborer un visage bruni.

Les premiers congés payés

Ce succès électoral éveille chez l'ensemble des travailleurs un immense espoir. Près de deux millions de travailleurs débrayent, occupent les usines. Du 22 au 29 mai, les grèves regroupent cent mille travailleurs dans la ceinture industrielle autour de Paris. Le 28, les trente mille ouvriers de Renault Billancourt débrayent à leur tour, et occupent l'usine. Redoutant une révolution bolchevique, le patronat s'empresse de négocier sous l'égide du gouvernement afin d'obtenir la reprise du travail. Le 7 juin 1936, les accords de Matignon sont signés. Le droit syndical est désormais acquis aux travailleurs, ainsi qu'une hausse des salaires de plus de 10 %. Quelques jours plus tard, les premiers congés payés sont instaurés. Les salariés peuvent désormais bénéficier de deux semaines de vacances rémunérées par an. Cette année-là, quelque six cent mille ouvriers partent en vacances pour la première fois de leur vie. Ils seront près de deux millions l'année suivante. Nombre de Parisiens découvrent les plaisirs de la plage ou de la montagne. Le temps de travail hebdomadaire diminue également : il passe de 48 à 40 heures.

∨ Premiers départs en congés payés à la gare Saint-Lazare.
« Les gens s'étonnent toujours que vous ne quittiez pas Paris l'été, sans comprendre que c'est précisément parce qu'ils le quittent que vous y restez. »
Henry de Montherlant

^ Les trente mille travailleurs de Renault Billancourt débrayent et occupent l'usine.

Mais le Front populaire se désagrège, et le pays s'enfonce lentement dans le désordre social. Fin 1937, Paris n'a plus ni gaz, ni électricité ; les moyens de transports sont paralysés, tandis que les grandes industries connaissent également des mouvements sociaux perturbant leur production. Les usines Citroën, Gnome et Rhône, Panhard sont occupées par leurs ouvriers. Le téléphone et les taxis parisiens se mettent bientôt de la partie : le 6 avril 1937, toutes les communications sont interrompues dans la capitale. Le second gouvernement Blum démissionne le 10 avril. C'en est fini du Front populaire. Dans le même temps, Hitler annexe l'Autriche. Dès lors, Paris se prépare à la guerre. L'insouciance et les conflits sociaux cèdent progressivement la place dans la capitale. Un exercice de défense passive, le 2 février 1939, fait suite à l'ouverture de chantiers destinés à creuser des tranchées. Vingt kilomètres sont prévus, qui doivent servir à abriter les Parisiens en cas de bombardement. Le 1er mars, on distribue les premiers masques à gaz dans la capitale, tandis qu'apparaissent aux murs les affiches précisant pour chaque quartier la localisation des abris antiaériens. Les années folles ont vécu. À Paris, désormais, la guerre se fait chaque jour plus présente.

Paris capitale des plaisirs

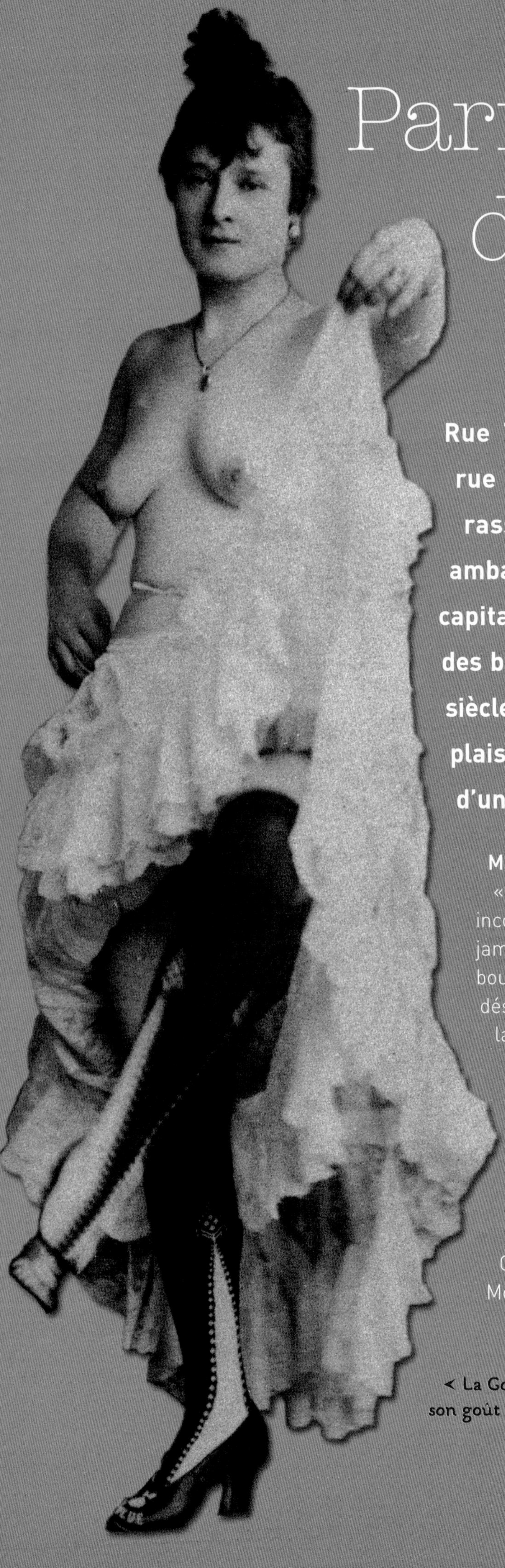

Rue Tire-Boudin, passage Trousse-Nonnain, rue Brise-Miche... Le Moyen Âge ne s'embarrasse pas d'euphémismes et désigne sans ambages au passant les endroits chauds de la capitale. Mais si Paris a, de tout temps, abrité des bordels et des lieux de sortie, c'est au XIXe siècle que se constitue sa réputation de ville de plaisir, qui pare aujourd'hui encore la capitale d'une aura sulfureuse.

Montmartre, entre Chat-Noir et Moulin-Rouge

« En haut de la rue Saint-Vincent, / Un poète et une inconnue / S'aimèrent l'espace d'un instant, / Mais il ne l'a jamais revue... » Rodolphe Salis s'installe en 1881 au 84, boulevard Rochechouart, dans un ancien bureau de poste désaffecté, à proximité du bal de l'Élysée-Montmartre. À la veille de l'ouverture, alors qu'il n'a toujours pas trouvé d'enseigne à son cabaret, un chat noir juché sur un réverbère lui saute dans les bras : voilà le Chat-Noir lancé. Toute l'élite intellectuelle de Paris vient applaudir les artistes qui s'y produisent. Aristide Bruant y chante *Je cherche fortune*, *Nini Peau d'chien* ou *Rue Saint-Vincent*. Montmartre devient un temple de l'esprit, où se précipite toute la capitale. C'est à deux pas de là que s'ouvre, en 1889, le bal du Moulin-Rouge, dont les audaces stupéfient le monde. On

< La Goulue, danseuse au Moulin Rouge, surnommée ainsi pour son goût prononcé pour la boisson.

y danse le quadrille, qui deviendra plus tard le french cancan, la Goulue s'y déchaîne en compagnie de Valentin le Désossé… Au Moulin, les revues s'intitulent *la Fête galante*, *Mars et Vénus*, *Coquin de printemps*, et *Au harem*°≠ C'est sur cette même scène, décidément très libérale pour l'époque, que l'écrivain Colette embrasse langoureusement une femme travestie en homme.

Les palaces érotiques se multiplient

Dans le même temps, Paris devient célèbre pour ses lieux de plaisir « trois étoiles ». Les maisons de tolérance sont apparues au début du XIXe siècle. Mais dès 1810, Paris en compte plus de cent quatre-vingts… Plusieurs palaces du vice voient le jour dans les années 1880, comme le Chabanais, au 12 de la rue du même nom, ou le One Two Two, au 122 de la rue de Provence. Là, le champagne coule à flots et des filles triées sur le volet rivalisent de savoir-faire. Les clients fortunés peuvent y vivre des fantasmes nécessitant accessoires et mise en scène. Dans certains établissements, la direction pousse la délicatesse jusqu'à faire en sorte que le client qui part emprunte un autre escalier que celui qui arrive. Cette particularité est encore visible dans l'ancien hôtel Belgioso, rue du Montparnasse à Paris.

Baignoires remplies de champagne, petites femmes de Pigalle et french cancan… De quoi asseoir solidement, et pour les siècles à venir, la réputation du « gai Paris ».

∧ Maison close au début du XXe siècle

∧ Le célèbre club de transformistes Michou situé rue des Martyrs

∨ Le Sex Shop, nouvelle version des maisons closes du XIXe siècle.

Paris à l'heure de la seconde guerre mondiale

Le 14 juin 1940, les Allemands entrent dans Paris, déclarée ville ouverte après la fuite du gouvernement à Tours puis à Bordeaux. La capitale passe alors littéralement à l'heure allemande : les pendules sont désormais réglées sur Berlin, c'est-à-dire avancées d'une heure. Réquisitionnant casernes, édifices publics et hôtels, les unités de l'armée d'occupation s'installent et se répartissent dans Paris. Dès le 15 juin, l'Abwehr, le service de renseignement et de contre-espionnage que dirige l'amiral Canaris, s'installe à l'hôtel Lutétia. Le haut commandement militaire en France – l'autorité principale en zone occupée –, qui compte pas moins de mille cent employés, emménage à l'hôtel Majestic, avenue Kléber. La Luftwaffe et la Kriegsmarine prennent possession du palais du Luxembourg et du ministère de la Marine.

< « Cette émotion profonde qui nous étreint tous, hommes et femmes, qui sommes ici chez nous, dans Paris debout pour se libérer et qui a su le faire de ses mains. » Discours du général de Gaulle, 25 août 1944.

Peu à peu, tous les ministères allemands créent leur antenne à Paris. Depuis l'hôtel Majestic et le 52 avenue des Champs-Élysées, les services de propagande entendent contrôler la presse, la culture et la littérature. Le chef de la Kommandantur de Paris prend ses quartiers à l'hôtel Meurice, tandis que le général von Stütnitz, gouverneur militaire de Paris, s'installe commodément à l'hôtel Crillon.

Paris cesse provisoirement d'être la capitale d'un pays libre pour devenir à la fois le centre du dispositif militaire allemand en France occupée, une ville de garnison et un lieu de distraction pour les vainqueurs de l'Europe. Tous les dignitaires allemands, Hitler en tête, auront à cœur, durant l'Occupation, de faire le tour des plaisirs offerts par la vie parisienne.

Les rues parisiennes changent de visage

Plus d'automobiles dans les rues de la capitale... Ou presque plus. Quelque quatre mille cinq cents permis de circulation ont bien été accordés à certains fonctionnaires, aux médecins, et à quelques privilégiés. Mais les voitures des particuliers ont pour l'essentiel été réquisitionnées. En outre, plus aucun autobus ne circule en raison de la pénurie de carburant. De ce fait, le pavé parisien résonne à nouveau sous le pas des chevaux : on revoit circuler les fiacres, que l'on aurait pu croire disparus pour toujours. Pendant les quatre années que dure l'Occupation, les Parisiens circulent à pied ou à bicyclette. La

▲ Place de l'Opéra, les panneaux indicateurs aident les troupes allemandes à s'orienter dans la capitale.

mode en tient compte : pour celles qui optent pour la petite reine, la jupe-culotte s'impose. Quant au métro, il fonctionne à intervalles irréguliers et beaucoup de stations sont fermées. Les rames en circulation se voient donc prises d'assaut : deux cent cinquante mille tickets sont vendus chaque jour. Pour les Parisiens, il est d'autant plus important de ne pas rater le dernier métro que le couvre-feu a été instauré. Fixé d'abord à 21 heures, puis à minuit, il modifie les habitudes de la cité. Désormais les spectacles se terminent à 22 heures 30. En sortant du cinéma ou du théâtre, les Parisiens les plus fortunés regagnent leur domicile en fiacre, ou, solution intermédiaire, hèlent un vélo-taxi. Car ce mode de transport de fortune a fait son apparition dans la capitale : une caisse peinte montée sur roues, avec une banquette recouverte de coussins, et tirée par un cycliste musclé.

« Plus on réduit son éclairage, Plus on voit briller son courage, Sa bonne humeur et son esprit. Paris sera toujours Paris », chante Maurice Chevalier en 1941 avec un enthousiasme de circonstance. Pourtant, l'heure n'est pas à l'euphorie dans la capitale. Difficile en effet d'oublier la situation. Partout dans les rues, on croise désormais des uniformes étrangers ; les drapeaux rouges et blancs à croix gammée flottent au fronton des bâtiments officiels. Et aux carrefours, ce sont des panneaux rédigés en allemand qui facilitent la circulation des troupes dans la capitale.

Les Parisiens se serrent la ceinture

Bénéficiant de l'expérience de la première guerre mondiale, les autorités établissent sans tarder un ministère du Ravitaillement. Bientôt, des décrets fixent la date du recensement et les conditions d'établissement des cartes de rationnement. Le 5 mars 1940, un nouveau décret fixe les restrictions sur la viande. Toujours en mars, des décrets imposent la fermeture des pâtisseries et l'interdiction de la vente d'alcool. Les premières cartes de rationnement sont distribuées dès octobre 1940 pour les

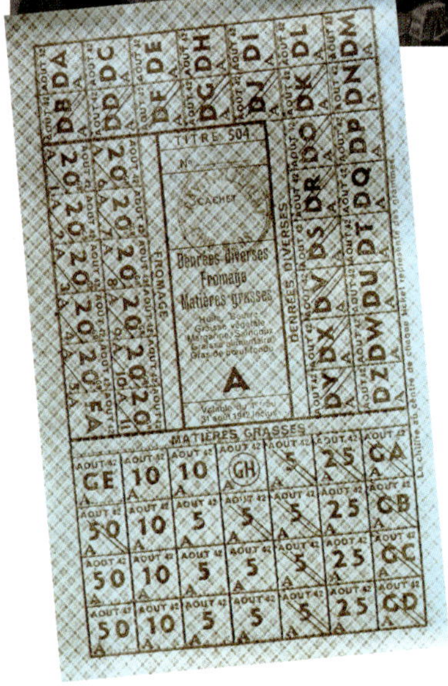

^ À la mairie du 10e arrondissement, on distribue des pommes de terre aux plus pauvres.

^ Seuls les enfants les plus jeunes, les femmes enceintes ou allaitant ont droit au lait, à condition d'avoir les tickets de rationnement nécessaires.

produits de base : pain, viande, pâtes, sucre. La population se voit répartie en différentes catégories auxquelles sont allouées des quantités variables de nourriture. On distingue les E « Enfants de moins de trois ans », les J 1 « Enfants de trois à cinq ans », les J 2 « Enfants de six à treize ans », les J 3 « Adolescents de quatorze à vingt et un ans ». Parmi les adultes, on obtient plus ou moins de nourriture selon qu'on est classé A « Adultes de vingt et un à soixante-dix ans », T « Travailleurs de force », C « Cultivateurs », ou V « Vieux » (de plus de soixante-dix ans). Selon les catégories ci-dessus, les rations journalières oscillent entre 100 et 350 grammes par jour pour le pain ; 180 grammes par semaine pour la viande ; 500 grammes de sucre par mois. Le lait est réservé aux catégories E, J et V. Seule la catégorie T a droit au vin... Exprimé en rations journalières individuelles, chacun a droit, en théorie, à environ 250 grammes de pain, 25 grammes de viande, 17 grammes de sucre, 8 grammes de matières grasses et 6 grammes de fromage par jour. Mais les rations indiquées sur les cartes diminuent au fil des mois : on passe de 290 grammes de viande en septembre 1941 à 90 grammes en octobre 1942. De plus, très vite, même avec des tickets de ravitaillement, il devient impossible de trouver à manger. Dans les magasins, les étals sont désespérément vides. Les files d'attente s'allongent dans les rues, et les Parisiens redécouvrent la faim.

Un important marché parallèle

« Sera puni d'emprisonnement ou d'une amende, quiconque indûment acquerra ou livrera des denrées alimentaires soumises au rationnement », stipule une ordonnance du 9 avril 1941.

Pourtant, les Parisiens sont nombreux à s'adonner à cette activité dangereuse. Non seulement les magasins sont vides en raison des problèmes d'approvisionnement, mais le bouleversement des circuits économiques a fait près de quatre cent mille chômeurs en région parisienne. Dès lors, on comprend qu'un trafic important de denrées alimentaires se mette en place. Le bœuf, qui se vend aux alentours de soixante-douze francs le kilo, est introuvable dans les magasins, même pour les consommateurs munis de tickets de ravitaillement valides. En revanche, on en trouve au marché noir pour un prix variant de cent cinquante à deux cent cinquante francs le kilo. Quant au kilo de pommes de terre, son prix se voit multiplié par dix, passant de trois francs aux trente francs du marché noir.

˅ Faute de carburant, on fait à nouveau appel aux animaux de trait dans la capitale.

On grelotte dans la capitale

À l'instar de la faim, le froid se fait sentir vivement. L'hiver 1940-1941 est l'un des plus longs et des plus froids de l'histoire météorologique de Paris. Pas moins de soixante-deux jours de gel, contre cinquante-deux jours seulement en moyenne. Cette année-là, il fait jusqu'à –14 degrés à Montsouris et –17 degrés à Vincennes. La situation est alors particulièrement préoccupante en raison de la pénurie de combustible. Comme le bois, le charbon demeure introuvable. Habituellement issu des mines du Nord, le charbon est, depuis le début de l'Occupation, réservé en priorité à l'industrie. Le chauffage n'est assuré qu'en second. De ce fait, l'approvisionnement des Parisiens est globalement insuffisant, et aléatoire de surcroît.

Durant le mois de décembre, 5 000 tonnes de charbon arrivent à Paris. À partir du 28 décembre, moment où se produisent d'importantes chutes de neige dans la capitale, les arrivages chutent à 2 000 tonnes. Les particuliers sont les premiers à pâtir de cette situation : avoir chaud devient une obsession de chaque instant. Les moins fortunés en sont réduits à se réchauffer dans les bibliothèques municipales, les cafés, les bureaux de poste.
Certains insèrent une semelle de liège dans leurs souliers ou placent de la farine de moutarde dans leurs chaussettes. Les défilés de mode manifestent cette préoccupation majeure : la collection de Jeanne Lanvin présentée en décembre 1942 s'inspire de la journée d'une Parisienne. Les manteaux en vente cette année-là s'appellent *Je fais la queue*, les tenues d'intérieur *Je me réchauffe* ou *Je remplace le chauffage central*.

« Nous voilà antisémites et racistes »

v À compter du 28 mai 1942, tous les Juifs de plus de six ans doivent porter l'étoile jaune.

« Square réservé aux enfants, interdit aux Juifs », peut-on lire à l'entrée de plusieurs jardins publics de la capitale à partir de 1940, date à laquelle démarrent les persécutions antisémites avec la promulgation du premier Statut des Juifs et le début de

LE PALAIS BERLITZ CONSACRÉ À L'ANTISÉMITISME

« Oreilles larges, massives et décollées, bouche charnue, lèvres épaisses, lèvre inférieure débordante, nez fortement convexe, mou et à larges ailes, sillon naso-labial, traits mous… » C'est à ces traits que sont reconnaissables les Juifs, si l'on en croit l'exposition qui ouvre ses portes le 5 septembre 1941 au Palais Berlitz.

Baptisée « le Juif et la France », cette manifestation qui se veut scientifique a pour objectif de dénoncer un supposé complot, une mainmise des Juifs sur les rouages de la capitale et du pays. Les Juifs seraient donc à l'origine d'une décadence de la France et de la défaite de juin 1940. Les commanditaires de l'exposition entendent ainsi attiser l'antisémitisme des Parisiens. Dès lors, « les enfants de France doivent apprendre à identifier les Juifs afin de s'en garder », explique Darquier de Pellepoix, responsable aux Affaires juives, qui précise que ce travail « d'éclairage des esprits français permet de lutter contre le péril de la corruption métèque et de rendre la France aux Français ». Une intense publicité est déployée en zone nord pour inciter les Français à s'y rendre nombreux. Près de quinze mille visiteurs la visiteront dans les premiers jours.

« Est regardé comme Juif toute personne issue de trois grands-parents de race juive, ou de deux grands-parents de la même race si son conjoint lui-même est juif. »
Loi du 3 octobre 1940.

la politique d'aryanisation économique. Fin septembre 1940, un recensement allemand a enregistré cent cinquante mille Juifs à Paris, dont soixante-quatre mille Juifs étrangers. La majorité d'entre eux vit alors dans les 4e, 11e, 18e et 20e arrondissements. L'article 4 du Statut des Juifs comporte un aspect économique : tout commerce dont le propriétaire est juif doit être désigné comme « entreprise juive ». Dans les rues de la capitale apparaissent les premières affiches jaunes collées en devanture. Certains commerçants affichent pendant leurs décorations de guerre.

À partir de mai 1942, les Juifs de Paris doivent porter l'étoile jaune, qui permet de les identifier. « Nous voilà antisémites et racistes », note l'écrivain Jean Guéhenno, avant d'ajouter : « Je me sens plein de honte ». Les 16 et 17 juillet 1942 la police française rafle quelque treize mille Juifs, qu'elle regroupe au Vélodrome d'Hiver, un stade du 15e arrondissement. Ils y sont détenus avant d'être envoyés dans un premier temps à Drancy, puis à Auschwitz-Birkenau. Au total, on estime à cinquante mille environ le nombre de Juifs parisiens, pour la plupart nés à l'étranger, qui ont été déportés et exterminés.

PARIS BEI NACHT

Comme plusieurs autres salles prestigieuses de la capitale, le Grand Rex est rapidement réquisitionné par les troupes d'occupation. Raison officielle ? Le bâtiment, qui domine le boulevard Poissonnière occuperait un « emplacement stratégique ». En réalité, il s'agit surtout de divertir les troupes. Entre deux visites culturelles à Versailles ou au Louvre, les soldats et les officiels allemands profitent des plaisirs de la capitale. Au Rex, devenu une salle réservée aux soldats, un *Soldatenkino*, on diffuse désormais des actualités de propagande et des films ayant reçu la bénédiction idéologique du régime nazi. Pendant les projections, une immense horloge reste constamment allumée, afin de rappeler l'heure aux spectateurs, tandis qu'un haut-parleur diffuse les horaires des trains circulant dans la capitale. L'Aiglon, Bagatelle, le Fouquet's, le Pré-Catelan, Drouant, Prunier, la Tour d'Argent, et la plupart des grands restaurants de la capitale affichent désormais en deux langues des menus alléchants. Nombre de

cabarets et d'établissements de nuit voient leur clientèle devenir presque exclusivement allemande et militaire, dans le même temps qu'ils se transforment bon gré ou mal gré en étapes obligées du *Paris bei Nacht*.

« Tenez bon, nous arrivons »

∧ Cabarets, cinémas, théâtres, les distractions ne manquent pas dans la capitale pour les troupes d'occupation.

Dès le 18 août 1944, à la faveur de la nuit, des centaines d'affiches sont placardées dans les rues de Paris. Ces tracts appellent la population à s'insurger. L'objectif est de prouver aux troupes alliées, débarquées en Normandie depuis le 6 août, l'existence d'une résistance effective dans Paris. Le colonel Lizé, commandant des FFI du département de la Seine et adjoint du colonel Rol-Tanguy, incite les Parisiens à construire des barricades. Dans la soirée, les premières apparaissent à l'intersection des boulevards Saint-Michel et Saint-Germain. Le 22 août, Rol-Tanguy fait afficher un appel : « Tous aux

barricades ». On compte alors près de six cents barricades. Tous les arrondissements sont concernés, mais le centre historique de Paris, l'est, nord-est et sud-est, sont particulièrement couverts. Parisiens et Parisiennes, tous âges confondus, participent à l'édification des remparts de fortune : pavés, grilles, sacs de sable, arbres, chariots, wagonnets sont utilisés comme matériaux. Des combats sporadiques éclatent un peu partout. Le drapeau tricolore est hissé au sommet de la préfecture, au nez et à la barbe des Allemands. Depuis son quartier général installé dans les catacombes de la place Denfert-Rochereau, Rol-Tanguy coordonne tant bien que mal les opérations, en utilisant le réseau téléphonique du métro. L'insurrection commence dans la capitale, où on dénombre encore seize mille soldats allemands, bien entraînés, pourvus d'armes légères et lourdes. Le jeudi 24 août, un avion survole Paris. Il largue un message destiné aux insurgés de la préfecture de police : « Tenez bon, nous arrivons ».

Le général Leclerc se dirige vers la capitale

^ Des barricades entravent la circulation de l'ennemi. L'insurrection du peuple de Paris fait participer la capitale à sa libération.

« L'honneur de libérer Paris doit revenir à un détachement français », a insisté de Gaulle dans son entretien avec Eisenhower. Celui-ci accepte. À la tête des quinze mille hommes et femmes de sa 2e division blindée, sous uniforme et commandement américains, Leclerc fonce de Laval vers Paris. Il évite la banlieue ouest où le dispositif allemand est encore menaçant et contourne l'agglomération par le sud. Après de rudes combats, ses hommes arrivent exténués à une cinquantaine de kilomètres de la capitale. Le jeudi 24 août, vers 20 heures 30, les premières troupes entrent dans la capitale par la porte d'Italie. La 2e division de Blindés entre dans

^ La deuxième division blindée du général Leclerc se voit confier la mission de libérer l'ouest de la région parisienne, et la capitale elle-même, aux côtés des Alliés.

Paris le lendemain matin dès 9 heures, par les portes d'Italie, d'Orléans et d'Ivry. Partout, les troupes alliées doivent lutter contre les poches de résistance allemandes. Pour sa part, Leclerc gagne immédiatement la gare Montparnasse, où il établit son quartier général.

Reddition allemande

Le commandement militaire allemand se rend après une résistance de principe. Le général Dietrich Von Choltitz signe la capitulation des troupes d'occupation de la capitale. Ce document est remis une heure plus tard au général Charles de Gaulle, lors de son arrivée. Sur le perron de l'Hôtel de Ville, devant une foule enthousiaste, le général de Gaulle proclame la libération de Paris. Son discours improvisé est aussitôt retransmis à la radio. Le soir même, de Gaulle s'installe au ministère de la Guerre en qualité de chef du gouvernement

Λ « Paris ! Paris outragé ! Paris brisé ! Paris martyrisé ! Mais Paris libéré ! Libéré par lui-même, par son peuple... » Discours du général de Gaulle, 25 août 1944.

provisoire de la République française. Le lendemain, le chef de la France libre descend en triomphe les Champs-Élysées, suivi de Leclerc et de ses fidèles de la première heure. La liesse envahit la capitale entièrement pavoisée de drapeaux tricolores. « C'est une fleur de Paris, chante Maurice Chevalier, Pendant quatre ans dans nos cœurs, Elle a gardé ses couleurs, Bleu, blanc, rouge avec l'espoir elle a fleuri, Fleur de Paris ».

7580 GH 78
1444 LM 75

Paris dans l'effervescence de mai 68

« Il faut voir Nanterre et vivre. Allez mourir à Naples avec le Club Méditerranée », suggère un graffiti au mur d'une salle de cours... Tout commence le 20 mars 1967, lorsque les étudiants de Nanterre décident de manière spontanée d'investir le bâtiment des étudiantes en revendiquant les travaux de Wilhelm Reich, un psychanalyste autrichien qui prône la liberté sexuelle. Appelées à la rescousse par les autorités de la faculté, les forces de l'ordre se livrent à une expulsion musclée. À compter de ce jour, circule à Nanterre une liste noire : les noms des étudiants que les enseignants sont invités à refuser à leurs cours. Parmi ceux-ci, un certain Daniel Cohn-Bendit. La vie estudiantine reprend pourtant. Mais un an plus tard, l'agitation refait surface.

< « Si je porte des chemises à fleurs, / C'est que je suis en avance de deux ou trois longueurs. / Ce n'est qu'une question de saison : / Les vôtres n'ont encore que des boutons. »
Antoine.

∧ « Bourgeois, vous n'avez rien compris. »
Place Denfert-Rochereau, Daniel Cohn-Bendit harangue la foule.

Six étudiants d'extrême-gauche qui manifestaient contre la guerre du Viêtnam ont été arrêtés et vont passer en jugement. Parmi eux, Cohn-Bendit, dont la rumeur prétend qu'il va être transféré dans une autre université voire expulsé du territoire français. Les étudiants appellent à une journée de débat sur la liberté d'expression, le 29 mars. Afin d'empêcher la tenue de cette réunion, le doyen ferme la faculté. De provocations étudiantes en réactions maladroites du doyen et de la police, le climat se tend.

« Sois jeune et tais-toi ! » (graffiti, Beaux-Arts)

Une grève massive est alors déclenchée par tous les étudiants de gauche qui occupent les locaux. Les slogans apparaissent en nombre sur les murs de l'université et dans la capitale : provocateurs, militants, poétiques, arrogants... Ils appellent à la révolte et à la prise de conscience. Les étudiants revendiquent la possibilité de faire entendre leur voix dans une société répressive et hiérarchisée, où seuls les adultes ont droit à la parole. La décision d'interdire l'accès à l'université devait mettre un terme à l'agitation. Elle met au contraire le feu aux poudres. Sitôt Nanterre fermée, les étudiants prennent la direction du Quartier latin et de la Sorbonne pour y tenir un meeting... Une révolution culturelle est en marche.

« Si tu rencontres un flic, casse-lui la gueule ! » (graffiti, rue Champollion)

Le bonheur est une idée neuve.
(graffiti, hall de Sciences-Po)

Le 3 mai, six cents étudiants, en grande majorité des militants d'extrême-gauche, se réunissent dans la cour de la Sorbonne. Le recteur de cette université fait à son tour bloquer les issues et appelle la police. Des centaines d'arrestations sont effectuées. En réaction, des milliers d'étudiants se rassemblent pour protester contre l'irruption de la police. Celle-ci les repousse violemment à coups de matraques et de grenades lacrymogènes. Pour se protéger, les étudiants lancent les premiers pavés. De nombreuses arrestations ont lieu. Le 6 mai, alors que la préfecture de police de Paris interdit tout rassemblement, vingt mille étudiants manifestent. Les heurts avec les CRS sont brutaux. Le lendemain, ils sont cinquante mille à descendre dans la rue. Leurs revendications ? Libération de tous les étudiants arrêtés, abandon des poursuites judiciaires à l'encontre de ceux qui sont inculpés ; réouverture de la Sorbonne, et retrait des forces de police du Quartier latin. Le 8 mai, le parti communiste, la CGT, la CFDT et le SNESup (syndicat des enseignants de l'enseignement supérieur) se déclarent solidaires de la lutte des étudiants. Le vendredi 10 mai au soir, cinquante mille étudiants entament la « reconquête » du Quartier latin. Au cours de la nuit, une soixantaine de barricades sont élevées.

➤ Le 6 mai à l'aube, la police boucle le Quartier latin. Des heurts violents surviennent dans la journée.

« La révolution doit se faire dans les hommes avant de se faire dans les choses » (graffiti, Beaux-Arts)

ᐱ Sous le macadam, les manifestants découvrent l'ancien pavement de Paris, et sous les pavés, le sable sur lequel ils étaient posés. Le mot d'ordre d'une liberté à conquérir s'impose alors.

Les forces de l'ordre donnent l'assaut violemment. Le lendemain, les Français découvrent un spectacle apocalyptique dans les rues de la capitale : voitures incendiées, rues dépavées, vitrines brisées... Les affrontements nocturnes ont fait des centaines de blessés. La brutalité de la répression policière choque les Parisiens : beaucoup de témoins de ces heurts manifestent alors leur soutien aux étudiants. L'agitation universitaire, jusque-là isolée, rencontre alors la sympathie d'une grande partie de l'opinion publique. Le Parti communiste français condamne officiellement la répression du mouvement étudiant. La CGT et la CFDT appellent à vingt-quatre heures de grève pour le lundi 13 mai. Ce jour-là, un million de manifestants répondent à l'appel des syndicats et investissent les rues de Paris. Les salariés se joignent aux étudiants au cri de : « Dix ans, ça suffit ! » Commence alors la plus grande grève que la France ait connue. Le vent de révolte qui souffle à travers la capitale fait vaciller la Ve République sur ses bases.

« Soyez réalistes, demandez l'impossible ! » (graffiti, rue Sommerard)

Le 14 mai, alors que le Parlement vote l'amnistie des manifestants condamnés, les ouvriers de différentes usines entament en grève illimitée. Le 16, alors que la grève s'étend comme une traînée de poudre, les ouvriers de Renault Billancourt revendiquent : pas de salaire inférieur à mille francs, retour immédiat aux quarante heures sans perte de salaire, retraite à soixante ans, liberté syndicale... Le mécontentement, l'exigence de liberté, d'abord mis en avant par les étudiants, rejoignent les aspirations de l'ensemble de la société et du monde du travail.

« Un bon maître, nous en aurons dès que chacun sera le sien » (graffiti, hall de Sciences-Po)

Un millier d'étudiants se rendent à Renault Billancourt afin de fraterniser avec les ouvriers. Progressivement, la grève

> **Cours camarade, le vieux monde est derrière toi !**
> *(graffiti, grand amphithéâtre de la Sorbonne)*

s'étend à tout le pays. Tous les secteurs sont peu à peu gagnés par la contestation. La société entière se découvre des envies de changement, un besoin de dialogue et de liberté. Le 24 mai, la CGT appelle à manifester à Paris. Son cortège rassemble cent cinquante mille manifestants. Celui des étudiants, auxquels se joignent de jeunes ouvriers, rassemble cinquante mille personnes et se termine par plusieurs batailles de rue dans la capitale. La Bourse est incendiée.

« JOUISSEZ SANS ENTRAVES, VIVEZ SANS TEMPS MORTS, BAISEZ SANS CAPOTE. » (GRAFFITI, ASCENSEUR DE LA CITÉ U, NANTERRE)

« L'ouvre-boîtes électrique a enfin résolu l'un des problèmes les plus ardus de la maison. L'art ménager est en effet devenu l'art de se ménager. Le confort domestique tend à devenir une religion de masse. » En 1966, en direct du salon des arts ménagers de Paris, un journaliste s'extasie des progrès de l'équipement destiné à la gent féminine. Cependant, cette évolution comporte selon lui des dangers : la fréquentation des restaurants universitaires ou des cantines d'entreprises ne risque-t-elle pas de minimiser aux yeux des jeunes filles leur futur rôle de maîtresses de maison ? Le danger est patent. Mais la société veille, et la pédagogie aussi. « L'enseignement ménager pallie heureusement cette carence redoutable. Il essaie de sauvegarder ces qualités féminines dont la disparition ôterait à la vie masculine une grande part de son agrément. » Patriarcale, pudibonde et inégalitaire, la société qui prévaut jusqu'en 1968 cantonne encore les femmes dans leur rôle subalterne. Avec mai 68, un vent de liberté sexuelle souffle sur Paris et la société française. Il apporte l'émancipation des femmes, la pilule et la libération des mœurs. « Plus je fais l'amour, plus j'ai envie de faire la révolution. Plus je fais la révolution, plus j'ai envie de faire l'amour », peut-on lire sur un mur de la Sorbonne.

^ Hair, une comédie musicale qui décoiffe.

« Le respect se perd, n'allez pas le rechercher ». (graffiti, lycée Condorcet).

Dans le même temps, le premier ministre Georges Pompidou tente d'endiguer le mouvement en ouvrant des négociations, dans un local situé rue de Grenelle, avec les syndicats de salariés. Il entérine une augmentation générale de 10 % des salaires. Le SMIG (salaire minimum interprofessionnel garanti) est quant à lui augmenté de 35 %, ce qui le porte à cinq cents francs par mois. Pourtant, ces concessions ne satisfont pas les manifestants. Le lundi suivant, dix millions de personnes entament leur deuxième semaine de grève. « Céder un peu, c'est capituler beaucoup », proclament tracts et affiches. Le 29 mai, à l'appel du PCF et de la CGT, cinq cent mille travailleurs manifestent à Paris en scandant : « De Gaulle, démission ! Gouvernement populaire ! »

« Le vent se lève. Il faut tenter de vivre » (Paul Valéry, graffiti, Nanterre)

Le 30 mai, les Français assistent à un coup de théâtre. De Gaulle dissout l'Assemblée nationale et annonce des élections. Il appelle ses partisans à former des Comités de défense de la

∨ Plusieurs intellectuels prennent fait et cause pour le mouvement étudiant. Parmi eux, Jean-Paul Sartre : le 21 octobre 1970, il harangue les grévistes des usines Renault de Billancourt.

Barricade : ferme la rue, mais ouvre la voie !

(Graffiti, hall de Sciences-Po)

République et à manifester à leur tour sans délai. Six cent mille gaullistes défilent dans les heures qui suivent à Paris, témoignant de leur soutien au pouvoir en place. Cette fois, le flot humain qui déferle de la place de la Concorde aux Champs-Élysées est composé de gens élégamment vêtus, de médaillés, de femmes gantées, de gens assez âgés pour se rappeler le passage triomphal de de Gaulle sur cette même avenue, à la Libération. Les slogans qui résonnent sont tout autres : « Le communisme ne passera pas ». Au lieu du poing fermé, les manifestants font le V de la victoire. Au lieu de *l'Internationale*, on chante *la Marseillaise*. Le drapeau national supplante les drapeaux noirs et rouges. Ce jour-là, un raz-de-marée tricolore se répand dans la capitale. La contre-manifestation ne se fait pas attendre : quarante mille jeunes manifestent dans les jours qui suivent au cri de : « Ce n'est qu'un début, continuons le combat ! ».

« À vendre, veste en cuir spéciale manifestation, garantie anti-CRS, grande taille, prix 100 F » (graffiti, Nanterre)

Un mois plus tard, le 30 juin, les élections législatives accordent une victoire écrasante à la droite : trois cent cinquante-neuf sièges sur un total de quatre cent quatre-vingt-cinq. En réaction à la « chienlit » dénoncée par De Gaulle, la France s'est massivement prononcée pour le retour à l'ordre. Après quelques soubresauts, la capitale et le pays retrouvent leur calme. Pourtant, avec l'agitation étudiante, l'idéologie contestataire, l'individualisme et la libération sexuelle sont entrés de plain-pied dans la société française. Effacés des murs, les mots d'ordre persistent dans les mémoires. « Ils pourront couper toutes les fleurs, ils n'empêcheront pas la venue du printemps » (graffiti, Sciences-Po).

∨ Michel Poniatowski, Pierre Poujade, Michel Debré, André Malraux... À l'appel du général de Gaulle, ils défilent parmi les « Comités de défense de la République ».

Paris à l'aube du XXIe siècle

« Nous venons, écrivains, peintres, sculpteurs, architectes... pour protester de toutes nos forces et avec toute notre indignation, au nom du goût français... contre la construction de cette tour Eiffel monstrueuse et sans utilité. Parce que même l'Amérique commerciale ne voudrait pas de la tour Eiffel, qui est sans doute un déshonneur pour Paris ! » En 1889, avec Maupassant, Alexandre Dumas et Charles Gounod, tout ce que Paris compte d'esthètes et de gens cultivés crie au scandale. La capitale est défigurée par ce chef-d'œuvre du mauvais goût, dont les artistes exigent la destruction immédiate.

< « On n'est pas à Dallas ici ! » C'est par ces mots qu'est accueilli le projet de Pei. Pourtant, sa pyramide voit le jour, et le premier à la contempler constate, émerveillé : « On dirait un diamant ! »

> **Le rêve d'un rapport extraordinairement libre entre l'art et les gens, où l'on respire la ville en même temps.**
> ***Beaubourg, selon Renzo Piano***

De même, la plupart des grands travaux actuels suscitent-ils d'abord une réprobation publique plus ou moins vive. Difficulté à admettre la nouveauté ? Les Parisiens ont d'abord tendance à bouder ce dont, par la suite, ils seront le plus fiers. Ainsi, Beaubourg, la pyramide du Louvre, l'opéra Bastille, la Grande Arche de la Défense, la Bibliothèque de France et Bercy ont-ils eu à subir les critiques sévères de leurs usagers avant d'être enfin admis comme partie intégrante de la capitale, et reconnus pour ce qu'ils sont : les symboles de l'entrée de Paris dans le troisième millénaire.

La « culture pour tous » : va connaître un immense succès

Dans les années 1970, Georges Pompidou émet le souhait que Paris possède un centre culturel « qui soit à la fois un musée et un centre de création, où les arts plastiques voisineraient avec la musique, le cinéma, les livres, la recherche audiovisuelle ». Ce projet est confié à Renzo Piano et Richard Rogers. Quand le centre culturel est inauguré en 1977, les railleries pleuvent : « hangar de l'art », « usine à gaz », « raffinerie », « fourre-tout culturel », « verrue d'avant-garde »... Quoi qu'il en soit, conjuguant art et création modernes sous toutes leurs formes, vidéo et cinéma avec de multiples lieux de parole, Beaubourg conquiert son public, à tel point que, prévu initialement pour cinq mille visiteurs par jour, il se voit obligé d'en accueillir jusqu'à cinq fois davantage.

Panorama d'une ville en pleine mutation

Rénovation de certains quartiers (Bercy, la Villette, Tolbiac...), réalisation de nombreux bâtiments à caractère culturel, conçus comme des lieux d'échange et de circulation des idées... Le Paris du troisième millénaire s'édifie de nos jours. Chacun des présidents de la Ve République a en outre eu à cœur de marquer Paris de son empreinte en créant un bâtiment symbole de modernité. Confronté à la double difficulté de construire le futur sans pour autant brader son prestigieux patrimoine, Paris bouge, Paris change. Au risque de perdre son âme ? Entre passéisme et extravagance de l'innovation, la capitale se cherche pour s'inventer un avenir.

∨ « Le rêve d'un rapport extraordinairement libre entre l'art et les gens, où l'on respire la ville en même temps » : Beaubourg, ainsi décrit par Renzo Piano, continue de choquer certains Parisiens.

Orsay : de la désuétude à la modernité

Avant d'avoir son peuple, l'Europe a sa ville, et cette ville c'est Paris.

Victor Hugo

« La gare est superbe, et a l'air d'un musée des Beaux-Arts », écrit le peintre Édouard Detaille lors de l'inauguration du bâtiment en 1900. Mais dans cet élégant bâtiment, le trafic des grandes lignes cesse en novembre 1939 pour cause d'obsolescence : les quais sont trop courts pour les trains modernes. Considérée comme un exemple frappant du mauvais goût « fin de siècle », la gare se voit un temps menacée de démolition. Heureusement, elle bénéficie du renouveau de l'intérêt pour le XIXe siècle, et trouve son salut dans la décision officielle de construction du musée d'Orsay, prise en octobre 1977, à l'initiative de Valéry Giscard d'Estaing. Aujourd'hui, les spacieuses galeries destinées à la circulation des voyageurs s'offrent à la déambulation des amateurs d'art. Un bel exemple de conciliation du passé et des exigences actuelles ; un des rares monuments à faire, dès ses débuts, l'unanimité.

Des fenêtres ouvertes sur l'avenir

Elle forme un cube presque parfait, visible depuis le jardin des Tuileries, à travers l'Arc de triomphe. Symbole d'un Paris des affaires, dédié au business et aux nouvelles technologies, la Grande Arche accueille aujourd'hui un centre de congrès et

∨ De part et d'autre de la nef centrale du musée d'Orsay, les salles où les tableaux sont exposés, à l'abri du soleil mais néanmoins mis en lumière.

d'exposition, ainsi qu'une fondation internationale des droits de l'homme et le ministère des Transports et de l'Équipement. En ce sens, elle répond bel et bien à ce qu'envisageait son créateur, qui la voyait comme « une fenêtre ouverte sur le monde ».

∧ La Bibliothèque nationale de France abrite une forêt miniature entre ses quatre tours.

Des monuments pour le IIIe millénaire

Comme la Grande Arche et la Bibliothèque de France, l'opéra Bastille, l'Institut du monde arabe, le quartier de la Gare, Bercy, la Villette et prochainement, le nouveau quartier des Halles posent tous, à des titres divers, la question de l'intégration de la modernité dans un tissu urbain chargé d'histoire. Aussi ces bâtiments sont-ils accueillis non sans scepticisme par les Parisiens. Pourtant, entre les défenseurs de l'harmonie patrimoniale et les partisans d'un geste urbain du XXIe siècle, le compromis est indispensable. Paris doit s'adapter aux dimensions du troisième millénaire. Élaborer pour la ville de nouveaux aménagements, c'est repenser un lieu doté d'une identité séculaire pour le faire évoluer vers la modernité.

Concilier la beauté du Paris d'hier avec les besoins de la capitale de demain : un défi à la mesure des plus hautes exigences. Inventer et réinventer son espace, le rénover, le penser, l'édifier à nouveau... Pour ceux qui ont la charge de la capitale, il ne s'agit pas aujourd'hui de faire table rase du passé. Il faut en revanche faire en sorte que la capitale reste vivante, innovante, à la hauteur de sa réputation et en phase avec son époque. Non pas pour faire d'elle une ville nouvelle et différente, mais à l'inverse pour que Paris soit toujours Paris

< « Donner aux arts d'Afrique, des Amériques, d'Océanie et d'Asie leur juste place » : tel est le projet du futur musée Branly.

Crédits photographiques

Couverture : ARJ/Photo12.com
Page de Titre : ARJ/Photo12.com
Préface : ARJ/Photo12.com

Chapitre I : p. 10 : Gérard Blot/RMN – p. 12 : ARJ/Photo12.com – p. 13 : Photo12.com – p. 14 : ARJ/Photo12.com – p. 15 : Oasis/Photo12.com – p. 16-17 : ARJ/Photo12.com ; Halary/Montparnasse 56/Gamma.

Chapitre II : p. 18 : ARJ/Photo12.com – p. 20 : Oasis/Photo12.com – p. 21 : Oasis/Photo12.com – p. 22 : Oasis/Photo12.com – p. 23 : ARJ/Photo12.com – p. 24 : ARJ/Photo12.com – p. 25 : Photo12.com – p. 26 : Marc Sayag/Photo12.com – p. 27 : John Heseltine/Corbis – p. 29 : Oasis/Photo12.com – p. 30 : Fico/Hoa-Qui ; ARJ/Photo12.com – p. 31 : Caroline Rose/Photo RMN ; Collection Cinéma/Photo12.com.

Chapitre III : p. 32 : Photo12.com – p. 34 : Oasis/Photo12.com – p. 35 : Oasis/Photo12.com – p. 36 : Photo12.com – p. 37 : Photo12.com – p. 38 : ARJ/Photo12.com – p. 39 : Alain Nogues/Corbis Sygma – p. 40 : ARJ/Photo12.com – p. 41 : ARJ/Photo12.com – p. 42 : Photo12.com (2) ; Jack Guez/AFP – p. 43 : Photo12.com ; Bettmann/Corbis.

Chapitre IV : p. 44 : G. Dagli Orti – p. 46 : ARJ/Photo12.com – p. 47 : Luc Roux/Corbis Sygma – p. 48 : ARJ/Photo12.com – p. 49 : Oasis/Photo12.com – p. 51 : G. Dagli Orti – p. 52 : G. Dagli Orti – p. 53 : ARJ/Photo12.com – p. 54 : ARJ/Photo12.com – p. 55 : ARJ/Photo12.com – p. 56 : Photo12.com ; ARJ/Photo12.com – p. 57 : Harlingue/Roger-Viollet ; Bettmann/Corbis - p. 56-57 : ARJ/Photo12.com

Chapitre V : p. 58 : ARJ/Photo12.com – p. 60 : ARJ/Photo12.com – p. 61 : ARJ/Photo12.com – p. 62 : ARJ/Photo12.com – p. 63 : G. Dagli Orti – p. 64 : Bulloz/RMN – p. 65 : Photo12.com – p. 66 : Bulloz/RMN/Bibliothèque de l'Institut – p. 67 : Halarick/Gamma – p. 68 : ARJ/Photo12.com – p. 69 : Photo12.com – p. 70 : Photo12.com (2) ; Oasis/Photo12.com – p. 71 : Michel Setboun.

Chapitre VI : p. 72 : ARJ/Photo12.com – p. 75 : ARJ/Photo12.com – p. 76 : ARJ/Photo12.com – p. 77 : Michèle Bellot/RMN – p. 78 : ARJ/Photo12.com – p. 79 : ARJ/Photo12.com – p. 80 : ARJ/Photo12.com – p. 81 : ARJ/Photo12.com – p. 83 : Collection Cinéma/Photo12.com.

Chapitre VII : p. 84 : Pierre-Jean Chalençon/Photo12.com – p. 87 : ARJ/Photo12.com – p. 89 : Dagli Orti – p. 90 : ARJ/Photo12.com – p. 91 : Photo12.com – 92 : Marc Sayag/Photo12.com – p. 93 : Pierre-Jean Chalençon/Photo12.com – p. 94 : ARJ/Photo12.com – p. 95 : Photo12.com – p. 96 : Roger-Viollet (2) ; Photo12.com – p. 97 : Denis Bourges/Gamma (2).

Chapitre VIII : p. 98 : ARJ/Photo12.com – p. 100 : ARJ/Photo12.com – p. 101 : Frederic Pitchal/Corbis Sygma – p. 102 : 1Clic/Photo12.com – p. 103 : LL/Roger-Viollet – p. 104 : ARJ/Photo12.com – p. 105 : Photo12.com – p. 106 : Halarick/Gamma – p. 108 : Photo12.com – p. 110 : Stéphane Pons/Photo12.com (3) – p. 111 : ARJ/Photo12.com.

Chapitre IX : p. 112 : ARJ/Photo12.com/ADAGP – p. 114 : Photo12.com – p. 115 : Francis Jalain/Hoa Qui – p. 117 : Oasis/Photo12.com – p. 118 : Hachedé/Photo12.com – p. 120 : Roger-Viollet – p. 121 : ARJ/Photo12.com – p. 123 : Oasis/Photo12.com.

Chapitre X : p. 124 : ARJ/Photo12.com – p. 126 : ARJ/Photo12.com – p. 127 : ARJ/Photo12.com – p. 129 : ARJ/Photo12.com – p. 130 : ARJ/Photo12.com – p. 131 : Collection Cinéma/Photo12.com – p. 132 : Vittoriano Rastelli/Corbis – p. 133 : PMVP – p. 134 : Swan/Gamma ; Collection Cinéma/Photo12.com (2) – p. 135 : Collection cinéma/Photo12.com (2).

Chapitre XI : p. 136 : Société Française de Photographie/Photo12.com – p. 139 : Société Française de Photographie/Photo12.com – p. 140 : Gilles Rivet/Photo12.com – p. 141 : Oasis/Photo12.com – p. 142 : Branger/Roger-Viollet – p. 143 : Oasis/Photo12.com – p. 144 : Oasis/Photo12.com – p. 145 : ARJ/Photo12.com – p. 146 : Hachedé/Photo12.com – p. 147 : Oasis/Photo12.com – p. 148 : Photosvintages/Photo12.com (2) ; Société Française de Photographie/Photo12.com – p. 149 : Société Française de Photographie/Photo12.com.

Chapitre XII : p. 150 : Hachedé/Photo12.com – p. 152 : Photo12.com – p. 153 : Hachedé/Photo12.com – p. 154 : Gaston Paris/Roger-Viollet – p. 155 : Photo12.com – p. 156 : Oasis/Photo12.com – p. 157 : Photo12.com – p. 158 : Collection Roger-Viollet – p. 159 : Oasis/Photo12.com – p. 160 : Hervé Lewandowski/RMN – p. 161 : Société Française de Photographie/Photo12 ; Henrietta Butler/Corbis ; Robert Holmes/Corbis.

Chapitre XIII : p. 162 : Photosvintages/Photo12.com – p. 165 : Collection Roger-Viollet – p. 166 : LAPI/Roger-Viollet ; ARJ/Photo12.com – p. 167 : LAPI/Roger-Viollet – p. 168 : LAPI/Roger-Viollet – p. 169 : Hachedé/Photo12.com – p. 170 : Collection Roger-Viollet – p. 171 : Photosvintages/Photo12.com – p. 172 : Oasis/Photo12.com – p. 173 : Keystone Pressedienst/Photo12.com.

Chapitre XIV : p. 174 : Jean-Marie Périer/At Large – p. 176 : Keystone Pressedienst/Photo12.com – p. 177 : Keystone Pressedienst/Photo12.com – p. 178 : Roger-Viollet – p. 179 : Jean-Marie Périer/At Large – p. 180 : AFP – p. 181 : LAPI/Roger-Viollet.

Chapitre XV : p. 182 : Keren Su/Corbis – p. 185 : Laurent Rousseau/Top/Hoaqui – p. 186 : Macduff Everton/Corbis – p. 187 : Anne Joudiou/Photo12.com ; musée du Quai Branly/ADAGP — p. 188 : Michel Setboun.

Conception graphique
Françoise Pham

Documentation et iconographie
Claudine Zuzinec et Jeanne Blondel

Correctrices
Pia Clévenot et Clotilde Marquis

ISBN 2-903866-83-X
Dépôt légal : octobre 2005